La voz de la Sudestada
Literatura regional en el Este

Yanina Vidal
(*Coordinadora*)

La voz de la Sudestada
Literatura regional en el Este

Buenos Aires, Argentina - Los Ángeles, USA
2026

La voz de la Sudestada. Literatura regional en el Este

ISBN 978-1-944508-94-4

Ilustración de tapa: "Cosas que pasan" (1987), de José Trujillo. Gentiliza de la familia Trujillo.

Diseño de tapa: Argus-*a*.

Editorial Argus-*a*
1414 Countrywood Ave. # 90
Hacienda Heights, California 91745
U.S.A.
argus.a.org@gmail.com

ÍNDICE

Prólogo: La Sudestada: una mirada hacia la literatura regional

Yanina Vidal

No solo es el viento

> Las consecuencias más visibles del temporal en Punta del Este están en la zona del puerto, donde unas siete embarcaciones en total se soltaron de sus amarras y vinieron a parar contra la costa. En el correr de la mañana del lunes los turistas lo han tomado como un paseo, incluso para tomarse fotografías. Sobre los vientos que se han registrado en las últimas horas en el departamento de Maldonado tenemos que dar cuenta de una persona herida en un edificio de Punta del Este cuando se rompió uno de los vidrios del apartamento ocasionándole heridas en la pierna a un turista argentino. Podemos decir también que en el Barrio Hipódromo hubo voladura de techos en varias viviendas. Los bomberos estuvieron trabajando durante toda la jornada del domingo y también la jornada del lunes para reestablecer la situación sobre todo en materia de árboles caídos en la vía pública. Durante algunas horas también hubo preocupación por el suministro de agua potable. Las autoridades aseguran que no habrá riesgo en el suministro de agua en el departamento de Maldonado, más allá de algunas restricciones. Hasta ahora, más allá del intenso viento, la situación no reviste gravedad. Desde Canal Once Punta del Este informamos Eduardo Batista, con las imágenes de Andrés Gutiérrez y Daniel De León para el Centro Montecarlo de Noticias. (Telenoche)

Álvaro Figueredo en sus versos definió a Bartolomé Hidalgo como "la voz de la sudestada" (Figueredo, 65). La sudestada es un fenómeno meteorológico propio de la región del Río de la Plata que se caracteriza por vientos fuertes, humedad, intensas lluvias y desbordes del río. Como fenómeno particular de nuestra región, Hidalgo se convirtió en precursor de la literatura gauchesca. Sin embargo, no es motivo de este trabajo centrarnos en la figura de nuestro primer poeta político, sino en la metáfora que utilizó Figueredo para describirlo. Hidalgo fue un fenómeno particular y Figueredo, otro fenómeno particular en la región Este.

Al definir al poeta, también se define a sí mismo y a lo que congrega tanto su poesía como los elementos particulares de las literaturas que emergen de esta región. La naturaleza y su devenir a partir de los fenómenos climáticos, pero también geográficos son determinantes para pensar si existe una relación entre el territorio y la escritura. Más allá de la naturaleza, el territorio ofrece otras variantes para la construcción del discurso literario. Allí es donde encontramos sus espacios, tipos humanos, personajes históricos, influencias literarias, centros de reunión y otros elementos que hacen de la literatura un terreno vivo y de proyección comunicativa en un entorno de creación.

Si se busca el concepto de *región* en el Diccionario de la Real Academia Española, se encontrarán las siguientes definiciones:

1- Porción de territorio determinada por caracteres étnicos o circunstancias especiales de clima, producción, topografía, administración, gobierno, etcétera.
2- Cada una de las grandes divisiones territoriales de una nación, definida por características geográficas, históricas y sociales, y que puede dividirse a su vez en provincias, departamentos, etcétera.

Teniendo en cuenta estas dos definiciones, partiremos a pensar la relación existente entre ellas y su acercamiento literario en lo que refiere a la literatura regional.

1- Podríamos decir que la literatura de una región tiene una forma particular de expresarse por sus características intrínsecas. Muchas veces esto puede ser así, aunque la literatura de una región no tiene por qué parecerse entre sí, así como tampoco coincidir en sus formas de producción, circuitos y difusión. Otras tantas, veremos que estas coordenadas se cruzan. En este texto se abordarán autores y producciones literarias pertenecientes a la región Este de Uruguay, específicamente al departamento de Maldonado, aunque la región comprenda también a los departamentos de Lavalleja, Rocha y Treinta y Tres (Arocena, 103).

Entre las otras circunstancias que se alejan de la "porción de territorio", Maldonado se ha caracterizado por ser un lugar de balnearios donde su población recurre a los trabajos zafrales durante la temporada de verano. Las playas, los turistas argentinos, los deportes de elite como el golf y el tenis, y los prostíbulos de renombre, son temas que tienen una gran presencia en los textos literarios de varios autores. La producción y los circuitos literarios son formas en las que se tejen no solo los vínculos de un territorio, sino también la correspondencia entre los temas.

2 El concepto de 'nación' es bastante complejo de analizar en estas circunstancias. Entendiendo a la nación como una "comunidad imaginada" (Anderson), muchas veces se recae en señalar lo nacional con lo capital, o lo nacional con aquello que les da continuidad a ciertos tópicos vinculados a la tradición. Sin embargo, consideramos que la relación entre *nación* y *región* desde lo literario es un aspecto poco discutido en la crítica literaria, en la medida en que lo canónico está regido por lo centralista. Entonces, cabe preguntarse qué sucede cuando las prácticas de escritura exceden la mirada centralista. La tensión entre nación y región se establece a través de lo representativo, en virtud de que lo ajeno al centro muchas veces no está incluido dentro de los márgenes de la tradición. Por esta razón, el recorrido de este trabajo abarca desde la voz más reconocida de la región hasta las revistas literarias de escasa circulación. Más que construir una historia de la literatura de una región, acá se pretende visualizar las redes, circuitos e influencias de un territorio.

Literatura regional: una mirada hacia el Este

Pensar en la literatura regional significa trazar un mapa territorial y simbólico construido por múltiples voces que nos acercan una forma de estar y decir en un espacio. En lo que refiere a la literatura uruguaya, lo representativo tiende a ser capitalino, es decir, montevideano, pero también aquello que tiene rasgos capitalinos porque se acerca más a la subjetividad de un sector cultural predominante y adquiere cierto poder a través de los lazos que determinan una estética particular. La literatura regional no es solo una tensión con el centro, sino que también debe ser reconocida como una manera de establecer relaciones intrínsecas con la particularidad de su mapa, de sus habitantes y de sus costumbres.

Cada región habla por sí sola, porque más allá de la escritura existen las variaciones de escrituras, variedades lingüísticas y las distintas formas de producción de bienes culturales. Cuando hablamos de *literatura regional*, al tener en cuenta una porción territorial, tenemos en cuenta también las relaciones culturales que se producen en un determinado campo y espacio. Esto sí genera una tensión muchas veces con el centro, y vale interpelarnos sobre las relaciones que sus productores tienen entre sí, pero también de los centros y periferias nacionales y de los centros y periferias regionales.

Entre lo que podemos considerar como literatura regional, nos encontramos con la construcción de dos mapas, uno geográfico y otro poético, cuyas características entablan una relación directa y muchas veces lo poético determina otros encuentros que no son con una proximidad real, sino con un cosmos organizado a partir de las voces que emergen dentro y a partir del territorio. De esta manera, las coincidencias en los escenarios, personajes, estilos de vida, representantes históricos y mitos son parte de una unicidad de voces que construye a partir de sí misma una versión paralela de un lugar. Transitar y leer a partir de la región se convierte en una experiencia de reconocimiento de la identidad, de la tradición y de las posibilidades de traicionar a ambas.

Decir en el espacio significa construir formas de reproducción de la palabra y de divulgación de la literatura. Cada lugar tiene sus formas de establecer los medios de producción de sus bienes culturales. Quienes escriben desde un territorio establecen un ejercicio activo con el lugar, pero también con la palabra. Lo que se enuncia es una manera de crear territorios y también límites. Estos últimos no son meramente estéticos sino también sociales y políticos. Alguien que escribe desde un lugar lo hará muchas veces de determinada manera y creará sus diferencias en torno a las formas de producción de otras regiones, pero también acerca de la reproducción cultural y el rol en un espacio de poder. Cómo se piensa a la región en virtud de un poder centralista es quitar a la literatura regional de lo marginal, pero también pensarla con sus márgenes a partir de las tensiones mencionadas. La literatura regional es una forma de divisar la construcción de un mapa. La pertinencia territorial no es un indicador de una sola forma de escritura, sino de un entorno de producción.

En lo que refiere a la literatura uruguaya, lo regional, más allá de establecer una tensión con el centro, también batalla contra la división entre Montevideo y el mal llamado 'interior'. La capital no solo es el centro de poder cultural, sino que lo que está afuera de ella se construye a partir de varias oposiciones. Una de ellas son los circuitos artísticos que no generan diálogo con el centro, no porque no tengan la intención, sino porque introducirse en el ámbito cultual del centro es difícil cuando no hay apertura por parte de este. Por lo tanto, es necesario traer a "la ciudad letrada" como categoría de análisis de Ángel Rama —señalar una vez más que Montevideo es la ciudad letrada, ya que es el lugar de la cultura y las ideas hegemónicas— y al letrado como un sujeto que posee el poder del discurso y de la letra dentro de este espacio. Esto no quiere decir que Montevideo no construya una región, sino que ejerce a partir de sus aparatos culturales una distancia de poder, que solo se vuelve cercana con algunos modos de legitimación como las premiaciones y estrategias del mercado.

La identidad regional en lo literario no se inclina hacia un modo de escribir, sino a los lazos entre quienes producen y dialogan dentro de una margen territorial. Cuando hablamos de región, contemplamos en el caso de Uruguay un sector comprendido en tres o cuatro departamentos, sin embargo, no quiere decir que el diálogo se genere en todos estos territorios de manera homogénea y con la participación de todos, pero sí pueden establecerse circuitos que los conecten. Por lo tanto, la literatura regional no concede una estética particular, sino que se crea a partir de lazos entre los escritores a partir de una cartografía. Vinculación y territorialidad son las categorías que conforman la literatura regional.

Sobre el presente volumen

La inquietud de pensar en la literatura regional nace desde el síntoma de estar aislado de una suerte de poder y visibilidad. Esto tiene que ver con el lugar que se ocupa en relación con el centro, el lugar de poder, la visibilidad y la toma de decisiones. Decimos 'síntoma' porque este trabajo nace del impulso de pensarnos a nosotros mismos no solo en nuestro territorio, sino en el lugar de nuestras prácticas educativas. 'Nosotros' implica el lugar docente y también el lugar del estudiantado. Trabajar y estudiar por fuera del centro parecería generar una especie de asimetría en cuanto al nivel de exigencia y también a las posibilidades de accesibilidad a la cultura (sin entrar en detalles, pero someramente podemos reducirlo al acceso a bibliotecas, teatros, museos, entre otros tantos). Esta asimetría, que es más un mito que una realidad concreta, está alimentada de un prejuicio aun mayor y es que la formación se ve disminuida por estar en determinado territorio. Se sabe menos, se trabaja menos y se investiga menos. En lo que refiere a lo literario, debe pensarse que este prejuicio cala hondo también para pensar a nuestras literaturas, en la medida en que el centro es quien elabora juicios, edita, promueve y legitima. El protagonismo del centro en este último punto es inamovible debido a que las prácticas culturales se desarrollan allí y sus agentes no deciden quebrantar fronteras.

El propósito de este libro no será quebrantar estos mitos, porque esa tarea tan pesada necesita de un gran esfuerzo y consenso social. Tendría implicancias que van desde lo cultural, lo económico y lo afectivo, en la medida en que lo más complejo de desentramar son los prejuicios. Sin embargo, lo que se intentará a través de estas páginas es hacer el ejercicio de pensar al canon literario no solo como un artificio, sino como un factor constituido por el mercado, la cercanía con relación al centro, pero, sobre todo, pensar a la literatura nacional como un fenómeno heterogéneo con sus conflictos y tensiones culturales. No solo en relación con el centro, sino a los hermetismos que también impone la extrema cercanía y que muchas veces carece de diálogo con otros agentes del ámbito artístico de otros lugares del mapa nacional.

El presente trabajo aborda el estudio de autores y revistas que se gestaron en el territorio de Maldonado. Se abordará el estudio de *Te apagarás como las lámparas* (1957) y *Cruce de escrituras* (1988), dos poemarios de la autora Amalia Barla, cuya obra poética ha quedado bajo la penumbra de la historia de la literatura uruguaya. Luego, la figura de Álvaro Figueredo será estudiada a partir de sus poemarios *Desvío de una estrella* (1936) y *Mundo a la vez* (1956), en los que se realiza un estudio crítico sobre la naturaleza y los espacios referidos a la ciudad de Maldonado.

En los últimos dos capítulos se encontrarán dos trabajos ensayísticos sobre las revistas *M.A.T.* e *Iscariote,* ambas llevadas a adelante a comienzos de los años 2000, en un contexto de creciente notoriedad del Centro Regional de Profesores del Este. Estas revistas nos permiten visualizar los escritores nacidos y formados en el departamento de Maldonado y que tienen hasta el día de hoy continuidad en la escena literaria nacional e internacional.

Este es un primer avance sobre el estudio de las letras de Maldonado. No están todos los autores ni todos los circuitos literarios. Es una muestra para continuar pensando e investigando sobre la literatura regional en Uruguay.

Bibliografía

Anderson, Benedict. *Comunidades imaginadas*. México D. F.: Fondo de Cultura Económica, 1983.

Arocena, Felipe. *Regionalización cultural de Uruguay*. Montevideo: Dirección Nacional de Cultura, 2011.

Fernández, S. y G. Della Corte, compiladores. *Lugares para la Historia*. Rosario: Editorial de la Universidad Nacional de Rosario, 2001.

Figueredo, Álvaro. *Poesía*. Maldonado: Centenario de la Ciudad de Pan de Azúcar, 1974.

Molina, H., y F. Varela, directoras. *Regionalismo literario: historia y crítica de un concepto problemático*. Mendoza: Biblioteca Digital Universidad Nacional de Cuyo, 2018.

Rama, Ángel. *La ciudad letrada*. Montevideo: Arca, 1998.

Telenoche. Canal Once, 6 de febrero de 2017.

Del ethos discursivo de Amalia Barla a la designación de una poética del claroscuro en *Te apagarás como las lámparas*

Nicolás Moreira

Introducción

Resulta una sutil extrañeza pensar, dentro del vasto marco existencial de nuestra literatura nacional, en la categorización de un corpus correspondiente a la *poesía fernandina* o, en un apartado más general, a la *literatura fernandina;* quizá porque no ha existido (o no se ha manifestado) hasta este presente una evaluación ecuánime que propicie la aprehensión diacrónica de estas voces poéticas y silenciosas que se han desarrollado contemporáneamente al lado de las más canónicas y que meritoriamente han incursionado en diestros y singulares programas literarios;[1] o quizá debido a que el foco de nuestra producción intelectual más acérrima se ha gestado, desde hace mucho tiempo, lejos de los sectores regionales y periféricos del país. Sin embargo, no es propósito del presente texto abordar la folclórica dicotomía entre centro y periferia, sino por el contrario, se pretende aportar una mirada constructiva y precisa en relación con la producción lírica y el aporte estético-literario correspondiente al departamento de Maldonado, a través del estudio analítico de la poética de una de sus primigenias escritoras del siglo XX como lo es Amalia Barla (1909-1992). Y no resultaría inoportuno que, tras los aportes realizados en el desarrollo de este trabajo, se intentaran trazar, las coordenadas iniciales que pudieran promover el atestamiento gradual de los vacíos epistémicos que aún se encuentran latentes en gran parte de nuestro marco cultural específico.

[1] Basta con toparse, por ejemplo, con alguno de los números de la revista literaria fernandina *La Ballena de papel* (1968-1972) para poder cerciorarse de la importante capacidad creadora de estas voces errantes.

Amalia Barla, Poeta de Maldonado

Surge un ligero asombro al concebir que la labor artística e intelectual de la escritora y docente fernandina Amalia Barla se encuentra discretamente acotada en un par de libros de poesía: *Te apagarás como las lámparas* (1957) y *Cruce de escrituras* (1988). Ambas obras establecen y delimitan en su conjunto el esquema estético-temporal en el que fue elaborado de manera paulatina su programa poético. Asimismo, completan este *corpus textual* diversas publicaciones de poemas en revistas locales del departamento de Maldonado como lo son la revista *Mástil* —dirigida por su esposo, el poeta y crítico literario también fernandino Álvaro Figueredo— y la revista *Letras* de la ciudad de Pan de Azúcar. Por otra parte, sus ulteriores emprendimientos correspondientes a la disciplina literaria están asociados con participaciones en la edición de algunas de las obras literarias de Figueredo como *Poesías* en 1974 y *ABC del gallito verde* en 1977. En ambos libros se pueden distinguir breves pórticos y epílogos dedicados con un sentido íntimo a su difunto esposo y que no son muy remotos a su lirismo particular. En tal sentido, ambos escritores compartieron y experimentaron la actividad lírica desde una coyuntura estética y recíproca, poco explorada hasta ahora en la literatura uruguaya.

Tras proporcionar un sondeo general de su producción artística y cultural, no resultaría insólito aseverar que la sucinta y honda voz poética de Amalia Barla ha recibido en el tiempo un grado de recepción crítica deficiente que evidencia grandes vacíos en lo que tiene que ver con su matriz intelectiva y estética. Oportunamente, organismos estatales como el Ministerio de Educación y Cultura del país han proporcionado, cooperativamente con otras instituciones, espacios que promueven el reconocimiento de la escritura de determinadas figuras autoriales poco destacadas o solapadas en su momento, las cuales fueron presentadas en el ciclo de ponencias sobre escritoras uruguayas denominado *Letra de mujer*[2] y que fue

[2] Además de Amalia Barla, en dicho Ciclo también fueron presentadas otras escritoras e intelectuales como Paulina Luisi, María de Montserrat y Susana Soca, entre muchas otras.

llevado a cabo durante el mes de marzo del año 2021. Previo al mencionado hito, se torna inconmensurablemente trabajosa la identificación de la autora en antologías o textos críticos de poesía uruguaya. Sin embargo, las pocas excepciones resultan parcialmente significativas y configuran su aparición en periodos remotos.

En la antología del año 2001 *Uruguay, mujeres y poesía (1787-2000)*, que intenta rescatar las cuantiosas voces poéticas femeninas y silenciosas de nuestra historia literaria, se le otorga a la escritora fernandina un pequeño espacio de presentación, pero poco se puede extraer o conocer de Amalia Barla en dicha recopilación, ya que la deja en un segundo plano en comparación con los espacios otorgados a Juana de Ibarbourou, María Eugenia Vaz Ferreira y Delmira Agustini. No se percibe como extraño entonces que, en 1988, en el prólogo a la primera y hasta ahora única edición de *Cruce de escrituras*, se ubique a Barla en el grupo de los "mártires de la fatal y connatural resistencia a lo espurio, [...] que en un silencio y en una indiferencia nada bucólicos, por cierto, labran a sangre y fuego la enjazminada trenza de la auténtica poesía" (Benítez Casco, 11).

Barla es también incorporada en una de las antologías más ambiciosas de nuestra cultura: *Exposición de la poesía uruguaya: desde su origen hasta 1940* (1945), lo que establece —en un espacio de presentación escueto pero significativamente contextualizado— que la escritora gozaba de un humilde reconocimiento literario previo a la publicación, y quizás gestación, de sus obras poéticas más importantes.

Estos detalles informativos contribuyen a justificar el rumbo que se llevará a cabo en el presente texto argumentativo. En primer lugar, se abordará analíticamente su primer emprendimiento literario, *Te apagarás como las lámparas,* haciendo hincapié en el juego retórico y convergente de los diversos campos de signos que constituyen la integridad intelectiva y estética de esta composición. En segundo lugar, a partir de la explicitación de los principios estilísticos y articuladores de su programa literario, se buscará construir la imagen autorial, o el *ethos discursivo,* de Amalia Barla, que se manifiesta inmanentemente en la mencionada obra y que en su existencia establece la credibilidad de su discurso. El abordaje del *ethos discursivo* nos proporcionará herramientas para aproximarnos a la representación del perfil autorial silencioso de esta escritora cuya voz lírica constituye un gran patrimonio cultural para el territorio fernandino, como se evidenciará en el desarrollo del presente trabajo. El enfoque en su primer libro de poesía es fundamental por el hecho de que en él se trazan los principios prototípicos de su programa poético, los que serán profundizados y reinventados en gran parte de su producción artística ulterior.

Antecedentes y aproximaciones a la cosmogonía de Te apagarás como las lámparas

Argumentar sobre los posibles orígenes de los motivos literarios de *Te apagarás como las lámparas* nos remite a la etapa de autodescubrimiento y formación literaria de la entonces joven escritora —etapa en la que hizo importantes colaboraciones a la ya mencionada revista literaria *Mástil* dirigida por su esposo, Álvaro Figueredo—. Barla estableció en estas publicaciones un primer boceto bastante ortodoxo sobre las posibles direcciones que podría llegar a tomar su incipiente poesía.

En particular, dos composiciones publicadas en esta revista antes de 1940 ofrecen un panorama considerable en lo que respecta a la identificación de las etapas iniciáticas[3] que Barla tuvo que afrontar para poder alcanzar su escritura de madurez. Estos poemas son: "Canción para tocar tu recuerdo" y "Nocturno", ambos recopilados en *Exposición de la poesía uruguaya.* Estos textos, intitulados de manera genérica, manifiestan en su contenido toda una serie de coordenadas semánticas nucleares que evidencian, por un lado, las influencias líricas más cercanas de la escritora y, por otro, su tendencia a integrar favorablemente dos cadenas isotópicas recurrentes en su mundo lírico, enunciadas a partir del semema[4] de lo *trágico* y del semema de lo *orgánico.* Esto se puede apreciar en los siguientes

[3] Establezcamos de todas formas que su etapa iniciática más autentica podrá ser identificada, como se verá más adelante, en las primeras composiciones de *Te apagarás como las lámparas*, pues en la estética de dichos textos germinarán los parámetros procedimentales para la edificación de su obra definitiva *Cruce de escrituras.*

[4] Las cadenas isotópicas evidencian en su existencia el ordenamiento jerárquico de las significaciones que, como sostiene A.J. Greimas, constituyen la coherencia y la armonía semántica del discurso. Estas significaciones pueden ser encontradas de manera con-

versos de la primera composición, en los que se resaltan, por un lado, los signos de la noche y de la sombra y, por otro, los signos del verde y de la rosa, entre otros:

> El encuentro era el puente / La noche, el agua mansa. /Alta la rosa intacta / nos dejaba sin palabras / Pero alba paloma sola, / cavaba en el río, el canto. / La noche, verde, era isla / con rodillas de cristal / nos daba un tiempo de rosas / en la mitad de los labios, / y olvidados de la sombra, / niños, amanecíamos... (Casal, 558)

En esta primera aproximación, es viable indicar la preponderancia de los signos orgánicos manifestada a partir de un vigor más tangible y entrañable en comparación con los signos contrarios. De hecho, Julio J. Casal valora especialmente la persistencia de las imágenes vivas en su poesía al presentar a la autora como la legítima creadora que "desde su rincón de la sierra, sueña entre un aire de jacintos y dice su dulce rocío de palomas. Vuelan sus ojos a la estrella más alta, recoge su fulgor, y nos lo da en el álamo del verso". (Casal, 557). Un tono juvenil y de evocación sentimental también hacen acto de presencia en esta primera composición sin manifestar completamente en su realización, una innovación procedimental o temática, pero sí un ámbito lírico íntimo y cordial que instala un orden regular de imágenes sustantivas, las cuales constituyen con excelencia una secuencia temporal congruente que no se percibe incompleta o desahuciada de significado.

Por la otra parte, la segunda composición titulada oportunamente "Nocturno" reitera esta convergencia de signos manifestando en su ejecución la cuasi borrosa herencia del entonces remoto modernismo literario, de la cual hablaremos inmediatamente:

---

creta en los semas, que son las unidades mínimas de significado que, en conjunto, pueden agruparse homogéneamente en torno a una unidad semántica superior, esta es el semema. Por ejemplo, el semema de lo trágico se compone de diversas unidades mínimas de significado como lo son los signos de la noche, la sombra, el vacío, la incertidumbre, etcétera; estos signos o semas explicitan en su cohesión la imagen de lo trágico, tal como sucederá con los semas que se agrupan en torno al semema de lo orgánico: la flor, el verde, la lámpara, etcétera.

> Hacia la noche, albahacas. / Hacia mi sangre, peces. / Mis manos duermen sus olas. / La luna siega sus grillos. / Hacia la sombra, olvidos. / Hacia mi pecho, lámparas. / Rocío perfecto de mi sueño / para la nieve mutilada de esta noche muerta / Soledad hacia afuera. / Hacia adentro, / garzas de bronce sosteniendo mi luz. (Casal, 558)

No son triviales las semejanzas que estas composiciones comparten con la estética del nocturno modernista cultivado por las plumas de míticos escritores como Darío, Lugones e incluso Herrera y Reissig. De hecho, estos poemas expresan una síntesis de las ideas de los dos primeros: de Darío se articulan las imágenes de la noche, la sombra, la sangre, la soledad sin caer en su vertiente estrictamente melancólica, mientras que de Lugones se comparten imágenes de la apertura espacial del ensueño alimentadas por los signos naturales de la luz, como se puede apreciar con la aparición de la luna.

Sin embargo, en el nocturno de Amalia Barla, emerge un nuevo signo que, aunque diluido por su excesiva discreción, se convertirá posteriormente en uno de los motivos articuladores de su primera obra poética: la lámpara. Dicha imagen encarnará inicialmente el símbolo de las energías internas y vitales del Yo lírico, ofreciendo una resolución armoniosa que desdibuja parcialmente los elementos externos, trágicos y ostentosos de la noche sin romper con la mencionada convergencia que ambos grupos semánticos comparten. Estos primeros antecedentes nos marcan una estética inicial que se define por sus reminiscencias a ciertos principios poéticos clásicos, al menos desde su plano semántico, sin caer excesivamente en la cabal simetría de sus influencias cercanas. Este es, sencillamente, su punto de partida.

Compuesto de veintidós poemas, *Te apagarás como las lámparas* fue editado en Colección Estuario en el año 1957 y publicado bajo el nombre autorial de Amalia de Figueredo; el mismo se ubica a casi dos décadas de la primera etapa literaria de Amalia Barla en la revista *Mástil* y evidencia en el ideario estético de la fernandina, su ímpetu y su anhelo por intentar disgregarse de la banal evocación para adentrarse en la elaboración de un programa literario propio. Dicha intención queda marcada en casi todas sus composiciones, las cuales presentaremos de forma ordenada en torno a diversos tópicos, con el propósito de abordar gradual y coherentemente la naturaleza estilística y conceptual que aportan a su misma poética.

Cultivo y configuración del nocturno barliano

El interés y gusto de Amalia Barla por la composición romántica y modernista del nocturno puede ser vislumbrado a partir de las cuantiosas piezas poéticas de *Te apagarás como las lámparas* que integran las volubles imágenes de la noche y el sueño: "Nocturno del ramo", "Pliego testimonial", "Nocturno por mi madre", "Entresueño", "Sombra" y "Luna para Leopardi". En el nuevo cultivo del nocturno de Barla, se advierte una genuina impronta que toma una amable distancia de aquella estética inicial gestada en la revista *Mástil,* pues la unión deliberada de los signos orgánicos y trágicos, con preponderancia en la manifestación de los primeros, cede lugar a un ámbito disruptivo en el que dichas convergencias se problematizan frecuentemente por la emergente aparición de los quiebres sintácticos, de las interpolaciones gramaticales que vienen a codearse con los fenómenos semánticos para establecer un nuevo orden con nuevos preceptos. Este quiebre afecta directamente a la representación de los motivos sensibles e íntimos que anteriormente solo se observaban con plena claridad en el plano del significado; pero no sería correcto afirmar la desaparición de los dos sememas principales, estos están presentes con mayor singularidad, aunque como bien se asevera en el imperante dictado del título del poemario, la signatura trágica se pronunciará como la vertiente medular de este nuevo cosmos poético.

El poemario abre directamente con "Nocturno del ramo", composición en la que se introducen nuevas disposiciones de elementos discursivos, y en la que la sistematización de lo decadente y lo trágico se construye a partir de la imagen del ramo como usurpación de la primavera, por albergar ilícitamente su contenido inherente: la flor, signo omnipresente que es elidido y por ende consolidado por el valor sagrado que le es adjudicado: "Bloqueadlas! Pero ¿cómo olvidar / el rostro primero / concretándose / sobrepasando a la propia primavera? / Dejadlas en el ramo como están. / Que dicten sin pesados ademanes / la severa lección.". (De Figueredo, 1957, 5). Importante será retomar la significación de la flor durante la elaboración final del ethos discursivo, sobre todo por la regularidad de sus manifestaciones en el poemario.

En "Nocturno por mi madre" se respira una insoslayable introspección que deriva en la deshabituación emotiva del proceso de duelo, quizá por una inminente pérdida o por un distanciamiento de las vivencias y las cotidianidades instauradas en la voz poética. Asimismo, en una primera aproximación lectora se podría intuir erróneamente la presencia de una concatenación de incongruencias semánticas que llevan paulatinamente hacia el quiebre de la transparencia comunicacional; cuando en realidad se trata de una consciente y deliberada superposición signada de emociones nostálgicas y presentes que buscan coexistir armónicamente, legitimando la huella estética del nocturno gracias a la cohesión expresiva y sensitiva del Yo:

> Aquí la tienes casi su cara, óyela, / reconoce lo tuyo alívialo dale noticia, / Aquel sillón era mío / cuánto desde allí, / hubo una flor se llamó sonrisa / se lloró a sí misma / [...] tengo mucha prisa mucho frío / tengo toda la noche encima / el ramo mi ramo entero, qué frío / me estoy muriendo otra vez. (De Figueredo, 1957, 16)

Pertinentemente, en las categorizaciones más contemporáneas se define a la poesía como un discurso inactual que, al negar el uso convencional del lenguaje, se convierte en víctima de las inoperantes concepciones de la lírica instauradas por la modernidad, sobre todo en lo que respecta a la impronta de la decodificación inmediata que se manifiesta como preceptiva para la transmisión fugaz de información. En este sentido, la poesía se contrapone a otro tipo de discursos informativos al presentarse como: "un *zapping* hacia otro canal, un corte de ruta frente a una economía comunicacional que exige ciertas reglas de exposición, una *dispositio* fuera de cuya retórica acosa el fantasma del exilio" (Genovese, 15). Por eso, resulta fundamental delimitar reflexivamente las problemáticas que emergen del vínculo entre poesía y modernidad, sobre todo para no caer en la banal categorización de la poesía como mera confesión de la sentimentalidad que no goza ni de conceptualidad ni de sutileza. La poesía de Amalia Barla puede ser entendida y paladeada en la medida en la que no se irrumpa erróneamente en la identificación de sus intenciones comunicativas.

"Luna para Leopardi" es en cambio una de las pocas composiciones que respira un aire de reminiscencia clásica desde su contenido semántico, sobre todo por la anticipada intertextualidad con el poema "A la luna" (canto XIV) del sugerido Giacomo Leopardi, pues en ambos textos se aborda el desasosiego existencial ante el inminente proceso de involución fisiológica, o en expresiones más literarias, la incorruptible finitud asimilada ante la llegada de la muerte. Sin embargo, mientras que Leopardi se aferra a los nítidos recuerdos que emergen del encuentro con la luna, Barla contrastará su finitud humana con las virtudes sempiternas del mítico astro, y romperá con la tradicional inacción de la voz lírica convaleciente en pos de una que exhortativamente emergerá en busca de respuestas:

> Luna, tú estás. / Sin ahí sin cerca sin lejos / míranos, ¿no puedes? / Con gesto y vecindad / todo promueve mudanza peripecia. / Tú, sin tiempo, sin accidentes / míranos, ¿no ves? [...] como lluvia como viento como llave / la muerte limitándonos llevándonos. (De Figueredo, 1957, 19)

En el poema "Sombra" se construye un ámbito heterogéneo con juegos cromáticos singulares en el que los signos orgánicos como el cielo y la hoja verde están directamente asociados con la nostalgia, mientras que los elementos urbanos como la casa o la calle constituyen un presente sin color que se manifiesta en la constante adjetivación de lo blanco, que se da a modo de gradación descendente: "Sombra, tú podrías, vamos / [...] el cielo la hoja verde la nostalgia [...] / la blanca calle la blanca casa [...] / qué blanca que estoy que estas!" (De Figueredo, 1957, 10). A diferencia del poema "Luna para Leopardi" en este caso el Yo exhorta a su sombra, símbolo de las tinieblas ocultas que constituyen una parte relativa de su ser, a que lo devuelva a su condición primitiva rompiendo con la tangible dualidad que los separa; y es que la resolución argumentativa del poema sugiere la respuesta dialéctica de oposición-complementación del Yin-Yang. "Dame a prisa mis manos / mis hábitos mis calles / incluso mi desesperanza. / Oh, bien lejos / y es tu blanco". (De Figueredo, 1957, 10). Paradójicamente, los signos contrarios que habitan en el texto no se encuentran en simbiosis como en textos pasados, pero siguen funcionando como los afluentes conceptuales que interconectan pacientemente todas las composiciones de la obra.

Los últimos textos que comparten la efervescente configuración del nocturno barliano son "Pliego testamental" y 'Entresueño". El primero resulta ser una de las piezas más completas de todo el poemario, por su encadenamiento de propuestas estéticas que explicitan en su totalidad la idea de un poema-programa, muy similar a la exposición creativa que se vislumbra en un *arte poética:*[5] "Sobre la callada paciencia de los huesos / vivo / celebro el ojo de los pájaros / quiero la increpante luz, el sueño / la tormenta del sueño / rompiendo / el cristal de lo ordenado". (De Figueredo, 1957, 6). Es curioso que la poeta haya decidido argumentar sobre la ruptura del cristal de lo ordenado a partir de enunciados cuya legibilidad es bastante transparente, pues se contrastan con las constantes desviaciones lingüísticas, en ciertos casos excesivas, que abundarán en la primera gran sección de su poemario. En cierto sentido, la poética inicial de Amalia se define a sí misma a partir de la tendencia a interpolar los claroscuros en los diversos planos que revisten el material lírico-conceptual inherente, como se puede apreciar en su intención de anhelar la *increpante luz* y la *tormenta del sueño.* Más adelante reafirmará la integración de estas tensiones de vida y decadencia en los siguientes versos: "Me intimidan violentas sudestadas, / otra vez el viento y desatino / creyendo / la muerte que lejos / paciendo / quizás distraída en alguna primavera". (De Figueredo, 1957, 6). Los últimos cinco versos del poema retrotraen nuevamente el signo artificial de la lámpara —primera aparición en el poemario— otra

[5] En su intención, quizá no se consolide un plan de escritura como en las artes poéticas más canónicas, pero sí se instaura rotundamente el vigor de la creación lírica.

vez cumpliendo con el orden semántico de lo elemental, lo interno y vigoroso que da luz y vida. Pero lo que sí sufre un cambio significativo es la perspectiva de la voz poética que ya no percibe en este signo un atisbo completamente esperanzador y reluciente, pues se ha instalado fortuitamente la retórica de lo existencial; este elemento será retomado en el abordaje de la última sección del poemario, titulada "Estas ráfagas": "Sobre ellos tan callados tan pacientes (huesos) / apremio apremiante a mi lámpara: / (¡qué largos son los días con preguntas!) / ¿hasta cuando di, podrá tu astuta llama / crearme tanto cielo?" (De Figueredo, 1957, 6).

Por otro lado, "Entresueño" retoma como tópico la dubitación entre el sueño y la vigilia en la que el tiempo real se suspende, y el Yo lírico describe un súbito encuentro nocturno de ultratumba;[6] no para celebrar o rememorar las almas que partieron, sino para cuestionar la gracia terrenal, la cual vive repleta de *tumultos* y *desgracias* esparcidas por sus *ignorantes bestezuelas:* "La noche abre sus viejos pliegues testamentales / Los muertos vienen / sin concilios sin fiestas sin proclamas [...] / despreocupados en su ocio blanco, sin desgracia" (De Figueredo, 1957, 17). En última instancia, el nocturno de Amalia Barla se alimenta de nuevas resoluciones estéticas y procedimentales que anhelan elevarse y distanciarse humildemente de un cuadro convencional y primitivo; pues ya no se trata de un nocturno modernista por más que existan escuetas y melódicas reminiscencias.

Las insurgencias del Yo en la signatura trágica

No todas las composiciones del presente poemario se definen por sus componentes estrictamente dialécticos; en particular, siete poemas desisten en su mayoría de las preceptivas integraciones de las cadenas isotópicas principales y culminan enfocándose en una sola de las vertientes: la trágica. Asimismo, el Yo lírico que anteriormente incorporaba vehementemente en su discurso una mirada de las vicisitudes externas y relativas a los otros se disgregará en gran medida de sus implicaciones colectivas para

[6] Dicho encuentro de ultratumba comparte una analogía muy consolidada con el *Nocturno* (XXXII) de Rubén Darío, que rememora el mítico cuarteto: "En los instantes del silencio misterioso, / cuando surgen de su prisión los olvidados, / en la hora de los muertos, en la hora del reposo, / ¡sabréis leer estos versos de amargor impregnados!" (Darío, 124).

emerger, a modo de insurgencia, en un nuevo ámbito íntimo y confinado en el que se profundizan exclusivamente sus percepciones de la finitud humana. Los poemas son: "Muerte sucesiva", "Muerte primera", "Anticipación", "Vendrá la otra hora", "Los días y yo", "Otro lunes" y "Domingo".

"Anticipación "es el único poema de Amalia Barla que se rescata para ser recopilado en la antología cronológica sobre poesía femenina uruguaya,[7] y es el único poema de este tópico que engloba una mirada colectiva de la implacable idea de la premeditación del fenecimiento, la cual es construida a partir del empleo de recursos de dicción, como las repeticiones consecutivas o las gradaciones que se echaban de menos desde su primera etapa en la revista *Mástil:* "Y vamos en la prueba / con antes sin después / en un entonces seco / mirando y sin saber / llorando y sin saber / pensando y sin saber" (De Figueredo, 1957, 20). Los sintagmas que constituyen el núcleo de la gradación descendente de esta composición ofrecen una borrosa imagen simétrica que es corrompida por la anticlimática imagen de la flor, la cual se manifiesta como signo impoluto que poco puede solventar en el cuadro semántico de lo decadente: "Qué alta está la puerta, / qué hambre el esqueleto! / Como una flor sin vez, el yo el tú el ser, / en un entonces seco / muriendo y sin saber" (De Figueredo, 1957, 20).

La dicción también ocupará un lugar central en el determinante poema que es "Vendrá la otra hora", en el que las aliteraciones nos transmiten una mirada secuencial, entrañable y absoluta sobre los antagónicos periodos vitales y emotivos del ser, desde las etapas de excesiva compañía hasta las de extrema soledad. Las primeras etapas son representadas nuevamente a partir de signos impolutos y juveniles, pero, a diferencia del poema anterior, aquí sí logran concatenarse armónicamente con los signos contrarios: "Hubo la hora de crecer como los tallos / Hubo la hora de los duendes de la casa. / hubo la hora de cosechosa área / y la hora de estricta soledad / hubo la hora de la parte igual / y hubo la hora del despojamiento" (De Figueredo, 1957, 21).

---

[7] Refiere a la publicación de Puentes de Oyenard *Uruguay, mujeres y poesía (1878-2000).*

En la composición también se exponen, por medio de la voz poética, anhelos de autodescubrimiento, de segmentación de lo superfluo y lo externo con el fin de acceder a una capa más íntima y profunda de la consciencia creadora: "Adviene la memoria hasta los ojos / y no son sombras no son otros / son yo misma en mi encuentro, / el reto a mi encuentro, este balance. / (es mucho morir de esta vigilia)" (De Figueredo, 1957, 21). Muy importante será este último argumento del autodescubrimiento para la posterior elaboración del ethos discursivo de Amalia Barla, como se verá en la última sección del presente texto.

"Muerte primera" es quizá la composición más lograda del presente tópico, sobre todo por su musicalidad poco convencional que, sin responder a una exactitud de regularidades métricas y rítmicas consigue transmitir —también a partir de la asiduidad semántica y sintáctica— las correlaciones identitarias de los conflictos internos y sensitivos de aquella voz poética que, por primera y única vez, se identificará a sí misma como Amalia:

> La sentí de golpe / en mis adentros / como una gran batalla. / Ella habitándome / llevándome / despojándome en diciembre. / Yo desasiéndome / salvándome/ queriendo ser del mundo. / [...] me habló de un ramo / y haciéndome de niebla: / vuelve a tus hábitos, Amalia. / Aún es temprano. (De Figueredo, 1957, 14)

Lo curioso es que el poemario tampoco volverá a presentar otro nombre propio con excepción de *Dios* en la última sección del poemario titulada "Estas ráfagas".[8] Aires de conflictos de dualidad interna en el Yo también se exponen en el poema "Los días y yo", el cual comparte cierta continuidad, tanto semántica como sintáctica, con la recién comentada

[8] De todas formas, tampoco se pretende desarticular la importancia del título como enunciado introductorio que se termina convirtiendo en indicio del contenido textual; simplemente pretendemos aseverar que el signo de Amalia, al existir en el plano discursivo y poético, forma parte de una naturaleza más estética y procedimental, en comparación con el poema que se titula *Luna para Leopardi,* en el cual el nombre propio de Leopardi se expone a los márgenes del contenido que representa.

"Muerte primera": "Siempre los dos ríos forcejeando. / Aguas arriba aguas abajo / el alma zarandeada / — no me lleves, llévame —". (De Figueredo, 1957, 8).

"Muerte sucesiva" comparte el mismo núcleo temático de los textos anteriores, que es pertinentemente reinventado a partir del uso de formas verbales no personales como los gerundios, y a partir de las fragmentaciones sintagmáticas que aparentan manifestar una confluencia paradigmática de discursos. No resulta trivial, entonces, que su obra de madurez llegue a titularse *Cruce de escrituras*: "Este cordel de amenaza / sitiando / dando paso legislando, / contra mí no puedo déjame, / amenazando / mi pobre aire / mi yo qué he hecho". (De Figueredo, 1957, 15).

Finalmente, las composiciones "Otro lunes" y "Domingo" coinciden estéticamente gracias a las consecuencias de la materialización de las inquietudes emotivas y conceptuales del Yo, como se puede apreciar, por ejemplo, en el primer poema con la imagen del carruaje: "He de creer que yo soy esta / sin mi extraña sin ninguna. / andando, qué lento el carruaje [...] / siempre el carruaje / lento y andando," (De Figueredo, 1957, 12), y en el segundo, con la imagen del río y el cielo, que ya se habían manifestado en el poema "Los días y yo" bajo una situación analógica: "Podría ser sencillamente ahora / — no verlas no quererlas ver, / su cuando su por qué — / La única memoria de este día. / Lejos el río corre y no muere / y el cielo celebra los altos números" (De Figueredo, 1957, 13). Si bien la preponderancia de la vertiente trágica no es completamente exclusiva de estos siete poemas, adquiere en este caso un enfoque intimista de carácter absoluto y desilusionado, que se culmina percibiendo desde matices más reflexivos o existenciales que melancólicos.

La voluntad comunicativa en los quiebres morfosintácticos

En segmentos anteriores se ha destacado la presencia de los quiebres o rupturas de la normativa lingüística a nivel morfosintáctico en *Te apagarás como las lámparas;* pero tales quiebres, más que obstruir las voluntades comunicativas del poemario, por el contrario, las estimulan con originalidad a partir de la confluencia e interpolación de sintagmas variados, que, aunque siendo estructuralmente incompatibles, consiguen establecer, gracias a su disposición estética, la concatenación de las relaciones semánticas nucleares que se intentan transmitir. En otras palabras, no es una mera disposición incoherente y alógica de fragmentaciones involuntarias; en el poemario se evidencia una voluntad creadora experimental que pretende llevar al límite las posibilidades comunicativas del lenguaje poético, incluso aunque no siempre se logre percibir en la lectura el cometido deseado. Las composiciones que mejor explicitan las características de este tópico son "La cara y sus signos", "La palabra y los días", "Ellas las implacables" y "Los sábados y dos árboles".

Las regularidades sintácticas que se manifiestan en el poema "Ellas las implacables" responden a criterios personalizados que poco tienen que ver con la normativa precedente —clasicista si se le quiere llamar— de la musicalización del verso. De igual manera, aunque en primera instancia no resulta desacertado hablar de la presencia de una versificación que se siente liberada, ciertos versos exponen la articulación de un esquema simétrico que se mantiene estable gracias a las relaciones de equivalencia que se dan en el eje paradigmático, como sucede explícitamente en los siguientes versos: "Hay que sobrellevar el día los ojos [...] / Hay que sobrellevar el día la noche [...] / Hay que sobrellevar la vida el todo". (De Figueredo, 1957, 11). En la periferia de estos versos atípicos, y rotundamente portentosos que exigen un procedimiento de lectura genuino, se traza semánticamente una mixtura de los motivos estéticos y emotivos que se han ido gestando a lo largo de todo el poemario, como se puede apreciar en la imagen de las *mínimas hormigas* que al igual que el signo del *río* y del *carruaje,* entre muchos otros, son la materialización de las inquietudes existenciales que la voz poética busca problematizar y desconfinar a lo largo de su discurso.

Por otro lado, al suprimir en cuantiosas ocasiones el signo gráfico de la coma, los sintagmas que en primera instancia serían desacoplados mediante su uso terminan estableciendo un diálogo formal y formando parte de un mismo sistema de relaciones sintagmáticas, como bien se puede apreciar en los siguientes versos del poema "La palabra y los días":

"Cuando la abundancia, lo demasiado / se hizo dibujocelebraciónpájaro". (subrayado nuestro) (De Figueredo, 1957, 9 [sic]).

En un sentido similar, algunos versos se perciben compuestos por sintagmas antitéticos que aparentan pertenecer a espacios de enunciación diferenciados, pero que a nivel conceptual terminan constituyendo en su conjunto expresiones de un fuerte potencial figurativo. Esto sucede en el poema "La cara y sus signos", en el que los versos "hela en su puede su quiere, a veces / no quiere la desgracia" (De Figueredo, 1957, 7) representan las dimensiones disyuntivas de la emancipación conceptual y emotiva que el Yo lírico pondera constantemente. Como señala el crítico Humberto Benítez Casco, quien llega a interpretar el verso "desandad los pasos los las los" de un poema posterior de *Cruce de escrituras* como una metáfora de la "habladuría que caracteriza al vivir inauténtico" (Benítez Casco, 9) y que culmina evocando sorpresivamente al existencialismo de Heidegger.

La consolidación estética y conceptual de los discursos en verso

La última sección del poemario que está integrada por cinco poemas finales, titulada "Estas ráfagas", se organiza en torno al subtítulo que versa: *Discursos.* Estas cinco composiciones, agrupadas bajo el nombre de *Discursos en verso* en el prólogo de *Cruce de escrituras,* funcionan a modo de enlace estético entre los dos extremos de la actividad literaria e intelectual de Amalia Barla: la correspondiente a su etapa iniciática y a su etapa de madurez artística. En dicho espacio se puede apreciar una gradual consolidación de los principios estético-programáticos que la autora intentó moldear y refinar durante años de experimentación con el verso. Las composiciones son: "¿Cómo poder cantar?", "¿Y quién ha de decirles?", "¿Dónde la palabra?", "Cada vez menos cielo" y "Estas ráfagas".

Afianzar la solidez de los principios poéticos implica, aparte de una astuta retroalimentación de las distintas fases de creación, precisar la constitución y la determinación de las regularidades formales, temáticas y emotivas que intentarán solventar la inquietud autorial sobre la ardua búsqueda de la huella auténtica y personal. Por ello, las evidencias de afianzamiento estético que Barla alcanza en estos cinco poemas nos enfrentan ante un ámbito lírico que se percibe más metódico, ajustado y anexado a los nuevos y no tan nuevos motivos literarios que serán enraizados por la voluntad ordenadora, e intelectiva, de la ya madura y prudente voz poética. En estos poemas se podrá distinguir el empleo refinado de los quiebres sintácticos, de los sintagmas interpolados e incompatibles, de las irregularidades estructurales que funcionan como evidencias de un *universo barroco* y de la disposición espontánea de los sememas nucleares que coexisten desde la etapa literaria en la revista *Mástil*. De todas formas, las nuevas disposiciones elementales decretarán un contacto legítimo y sensible con la corriente filosófica del *existencialismo,* la que se instalará competentemente en el discurso de la voz poética, estableciendo en su integridad un nuevo vórtice de posibilidades conceptuales que involucrarán la tenaz búsqueda de respuestas hacia los cuestionamientos de la condición humana, metafísica y verbal.

La existencia de la vertiente existencialista se evidencia a partir de las disposiciones semánticas de los signos trágicos, debido a que es estrictamente en la *potencia trágica* de estas composiciones en donde se instala cabalmente la matriz existencial. Por ejemplo, en el poema "Estas ráfagas", última composición con la que se cierra el poemario, se disponen series de cuestionamientos en forma de interrogantes las que, de manera figurativa, son la representación de las ráfagas perdurables que atraviesan constantemente el mundo intangible y psíquico de la voz poética, de igual manera que los recurrentes juegos en la dicción estimularán la inestable graduación de las inquietudes instauradas:

¿Y quiénes serán los que sabrán al fin? / los que comen el adiós como un pan inevitable / los que astutamente sonríen y quiero puedo y sí, [...] / ¿Quiénes, quiénes? / ¿Los que llevan a Dios como el ungüento necesario, / los que desoyeron las anticipaciones / y cargan con su asalto por el día / y la noche y de los días? (De Figueredo, 1957, 29).

En el poema "¿Cómo poder cantar?" la intertextualidad con el versículo 6 del salmo 115 se deja entrever desde el primer verso: "¿Cómo poder cantar si tienen oídos y no oyen?" (subrayado nuestro) (De Figueredo, 1957, 25), estableciendo en su aparición la condición metafísica de esta matriz existencial. De igual manera, en dicha composición se aborda el problema evangélico de los que tienen oídos y no oyen; problema que recibe, a modo de denuncia, una resolución de magnitudes trágicas. "Ellos viven en su corto presente / de prisa sin oídos, tienen miedo de gastarse [...] / ¿y andan como si la vida fuera / el largo río de la sonrisa? [...] / cuántos sin oído, pero algunos, / si no fueron ninguno, ¡cómo oirían!" (De Figueredo, 1957, 25).

A su vez, en "¿Y quién ha de decirles?", se dispone una continuidad temática inmediata con el poema anterior en la cual se arremete con más tenacidad, y con irreductibles sentencias imperativas, contra aquellos ídolos corrompidos, sin caer cabalmente en una referencialidad religiosa, sino más bien, en un nuevo espacio lírico en el cual los signos evocativos configuran una nueva exégesis; la del verbo barliano: "¿Y quién ha de decirles? / frenad, no valen el hambre ni la astucia, / sellad vuestras bocas vuestras iras / [...] sellad vuestra palabra, aun sin pactos" (De Figueredo, 1957, 26). Pero es en los últimos versos de este poema en donde se manifiesta con exactitud el omnímodo veredicto del título, que toma forma a partir de la gradual eclosión de autocuestionamiento que perseverantemente persigue en sus cavilaciones la voz poética: "Sellad vuestra palabra, aun sin pactos / rija la ley o el caballo del espanto, / a los cuatro vientos la tremenda sentencia: / ¿te apagarás como las lámparas?" (De Figueredo, 1957, 26). En tal sentido, la cascada de interrogantes que fluctúan por los diversos sintagmas del poema desemboca en esta insobornable apoptosis, en la cual peligra la permanencia y la plenitud orgánica de la lámpara, que continúa encarnando de forma figurativa el vigor interno y creativo del Yo: "¿Quién ha de decirles / quién ha de decirme / poesía, mi otra piel, salva mi lámpara / si yo también soy el clamor?" (De Figueredo, 1957, 26). Y este último amago esperanzador ilumina, y sugiere el nombre propio de Amalia que, como entidad artificial, se impondrá ante el desmantelamiento de la cosmogonía lírica que tanto le ha llevado perimetrar[9] como

[9] "Salva mi lámpara".

intento de poner candado, por medio de los parámetros de la creación, al procedimiento de autodescubrimiento y búsqueda de una identidad artística y personal. A modo de síntesis, la matriz existencial instaurada en estos cinco poemas viene a compaginar coherentemente el conjunto de procedimientos estilísticos y conceptuales que, diacrónicamente, han existido en el ideario de Amalia Barla, adquiriendo en esta nueva oportunidad una significación natural y legítima que revitaliza y asegura el afianzamiento de una poética que se percibe propia; meritoriamente, de ella, tal como se señala en el epílogo de *Cruce de escrituras.*

Designación del ethos discursivo de Amalia Barla

Como bien se señaló en la introducción de este texto, tras la explicitación de la trayectoria estética que Amalia Barla experimentó hasta su etapa de madurez literaria, se procederá con la designación del ethos discursivo de la escritora, correspondiente a su primera obra literaria *Te apagarás como las lámparas*. Para tal realización se empleará la información biográfica que se ofrece de Barla en la entrevista realizada en 1984 por el profesor uruguayo Alberto Vaccaro en su primer libro periodístico titulado *El cerro desde cada esquina,* del año 1995. En él presenta diversas crónicas de la ciudad de Pan de Azúcar, lugar donde residió Barla hasta su muerte en el año 1992.

Como punto de partida, es primordial rememorar y resaltar las características conceptuales del ethos discursivo: este tiene que ver con la problemática de la representación autorial imaginaria que emerge de manera intradiscursiva durante el proceso de recepción realizado por el lector;[10] imagen que en su identificación legitima la autoridad del discurso le otorga credibilidad, y también justifica la disposición y la significación de sus elementos conceptuales y estilísticos inherentes. Como bien señala la teórica literaria francesa Ruth Amossy, este ethos, «concepto clásico revitalizado

[10] Así lo sustenta Amossy en uno de sus ensayos característicos: "La necesidad de una figura autorial es aquí presentada como una dimensión inherente a la lectura. El lector buscará percibir, de manera espontánea, a aquel que, al otro lado de la cadena, le remite un texto sin exhibirse, sin mostrar, [...], su propia persona, designada simplemente en la portada" (Amossy, 73).

por la disciplina lingüística denominada como análisis del discurso» se manifiesta en toda situación en la cual tenga que participar la imagen de un locutor, sea de manera escrita u oral, como sucede, por ejemplo, en una obra de carácter literario, que en este caso será *Te apagarás como las lámparas*.

Partir de la identificación de un ethos discursivo implica tener en cuenta que un autor puede disponer de metadiscursos (como entrevistas, reportajes, ponencias, etcétera) para legitimar o desbaratar determinada imagen autorial suya que esté circulando por los medios de comunicación existentes. Ahora bien, también se ofrece la posibilidad de que un autor no se involucre en el moldeamiento de aquella imagen circulante y se dedique exclusivamente a ejercer el hábito de la escritura desde una posición sigilosa y retraída. Este último podría haber sido el caso de Amalia Barla, de no ser porque el profesor fernandino Alberto Vaccaro tomó la decisión de publicar, once años después de su muerte, la crónica de un reportaje que le realizó el día 12 de setiembre de 1984: reportaje que, como se narra en esa crónica, la misma escritora había solicitado no divulgar públicamente. Tras su partida, Vaccaro no encontró razones para que ese material se mantuviera confinado en el silencio; la petición de Barla a Vaccaro que se presenta en la misma crónica, legitima su anhelo de aislamiento e intimidad:

> "Perdóname", me dijo..." No quiero que emitas el reportaje que me hiciste, porque yo nunca hice declaraciones públicas, y temo que después de estas, mi soledad y mi silencio se vean invadidos por otros periodistas a los que no podré negar la oportunidad". (Vaccaro, 1995)

No está de más señalar que gracias a este primer emprendimiento periodístico y literario de Vaccaro es posible acceder a la identificación de un ethos discursivo correspondiente a Amalia Barla; en unas primeras palabras, el profesor asevera que ella no era partidaria de habilitar reportajes por el temor a que su soledad pudiera ser invadida. El reportaje en general nos ofrece un recorrido entrañable por la experiencia vital, sensible y artística de la entonces adulta Amalia Barla, quien se encontraba a pocos años de publicar la que sería su última obra literaria: *Cruce de escrituras*. Asimismo, Vaccaro no se había planteado establecer una entrevista que versara sobre la vida y literatura del difunto Álvaro Figueredo, «asunto que estimulaba contundentemente el ocultamiento de la otra Amalia, esta es, la poetisa de gran profundidad», por lo que optó por redirigir el diálogo hacia el presente de la escritora, interrogándola sobre los planes de su propia obra y sobre sus primeros pasos en la escritura de poesía. Es en este espacio del reportaje donde comienzan a vislumbrarse las correspondencias con su respectiva imagen autorial: la joven Barla escribía poesía desde el tercer año liceal y llevaba a cabo, junto con el joven Figueredo, una relación epistolar que desembocaría en el matrimonio de la pareja en el año 1935. Esta unión la consolida con más fuerza en la práctica de la poesía y en la búsqueda de una huella artística personal: "He pasado años y años escribiendo, buscándome, porque el poeta no se encuentra a sí mismo sino pensando en su oficio con algo de misterio, algo de magia, algo que no se sabe explicar" (Vaccaro, 1995). Esa búsqueda puede ser identificada, como vimos anteriormente, en las primeras etapas de creación lírica que la misma escritora experimentó arduamente, desde los poemas de la revista *Mástil* hasta la primera gran sección de *Te apagarás como las lámparas;* la misma voz poética instala la necesidad de un autodescubrimiento que marque límites y que les otorgue significación a sus motivos literarios recurrentes. Dicho encuentro personal se facilita según Barla en 1957 gracias, en parte, a la intervención crítica del mismo Figueredo quien, siendo un crítico severo, le señalara que su fuerza poética se encuentra en los poemas agrupados bajo el título "Estas ráfagas"; no se percibe como algo fortuito entonces, que dicha sección se encuentre separada del resto de poemas en *Te apagarás como las lámparas,* ni que el mismo poemario haya sido publicado por petición de Figueredo a su esposa. Aquellos cinco poemas son la evidencia de una consolidación estética que su esposo contribuyó en identificar, para que Barla pudiera afianzar sus principios poéticos.

En otra sección del reportaje, más enfocada en los motivos literarios y las fuentes de inspiración de su producción intelectual, Barla argumenta sobre los orígenes de su vertiente trágica y su vertiente orgánica al rememorar la influencia que tuvo en ella la conmoción de ciertas experiencias personales que marcaron su temprana sensibilidad: el fallecimiento de una compañera de clase durante la etapa de escuela a quien se había acostumbrado a llevarle flores. Es pertinente reproducir las palabras de la escritora: "En mi niñez fui muy triste. Era la menor de siete hermanos, crecí entre mimos, pero siempre con una tristeza que me vino de una circunstancia muy especial: cuando estaba en la escuela, cursaba 3.er año, se murió una compañera. Se acostumbraba a llevar flores, y fue la primera muerta que vi. Eso me produjo una conmoción tal que de por vida el problema de la muerte fue obsesivo para mí" (Vaccaro, 1995). Como vimos con anterioridad, el signo de la flor, el cual se destaca como el signo orgánico primigenio, ocupará un lugar recurrente en su mundo lírico, constituyéndose como una materialización sagrada de la esperanza anhelada que, por momentos, intentará instalarse como amortiguador emotivo de los afluentes trágicos.

Establezcamos a continuación un punteo organizado de las correspondencias entre este metadiscurso y la imagen autorial de Amalia Barla que se construye en *Te apagarás como las lámparas* con el propósito de resaltar los aportes más contundentes sobre el respectivo ethos. En dicha obra, y desde un eje paradigmático, se evidenció la constante convergencia regular de los sememas de lo *trágico* y de lo *orgánico* a lo largo de cuantiosas composiciones, hecho que se corresponde con la experiencia personal que Barla enfrentó en su infancia, de la cual retuvo emocionalmente la conmoción de una muerte y la reticencia de una flor. Entonces, se constituye la imagen de una escritora de poesía que crea a partir de emociones genuinas y vivas y no de emociones fabricadas, como lo concebía, por poner un ejemplo, T. S. Eliot en su clásico *La tradición y el talento individual* (1919). Sin embargo, Barla no conjugará estas recurrencias semánticas desde una explicitación sin filtro e instantánea tal como se asemejaría en una producción lírica del romanticismo decimonónico, debido a que en el verbo de la fernandina hay un ímpetu de deliberación creativa que habilita la materialización de estas emociones en variadas categorías y vertientes poéticas[11] en las que se proyecta un plan genuino y longevo de voluntades comunicativas, y no simples expresiones directas y herméticas del espíritu o alma del poeta.

En otro apartado, la estética de la primera gran sección del poemario manifiesta cierto desorden en lo que respecta a la disposición de los elementos discursivos que deberían otorgarle integridad y uno o varios posibles significados a la obra. En cambio, no siempre se encuentra una correspondencia significativa entre los quiebres sintácticos y las irregularidades semánticas. Por eso se destacó con anterioridad que la intención comunicativa en ciertas piezas líricas no siempre llega a ser percibida con solvencia, incluso aunque se configuren las herramientas de abordaje crítico. Esto tiene que ver también con lo que se señalaba sobre el poema "Vendrá la hora otra", en el cual la voz poética expresa el deseo de descubrimiento personal, encontrarse a sí misma tal como lo asevera Amalia Barla en el reportaje. En tal sentido, se ofrece la imagen de una artista que es consciente de que su experimentación con el verso tiene como objetivo la cristalización paulatina de ciertos principios rectores apropiados para el tipo de discurso que ella misma desea implementar en pos de la optimización de su cobertura dialógica. De hecho, la sección experimental que se expone en la primera obra de Amalia Barla evoca, por tomar un ejemplo, aquellos cinco poemas de Idea Vilariño publicados en 1947 que son agrupados bajo el título *Cielo cielo,* en los cuales intentó subvertir la normativa clásica del ordenamiento sintáctico, lo que generó como consecuencia críticas adversas hacia su lírica experimental. Sin embargo, mientras que Vilariño abandonará ese tipo de disrupciones en la enunciación verbal, Barla las sostendrá y las fortalecerá por medio de los núcleos conceptuales como la matriz existencial, los que homogéneamente legitimarán las coordenadas del valor estético de sus composiciones finales en la sección de "Estas ráfagas".

Finalmente, la intervención crítica de Álvaro Figueredo contribuye amablemente en la constitución de la imagen autorial que se construye de

[11] Aunque no sean nombradas con exactitud, en el reportaje de Vaccaro se destacan dos de estas cuatro vertientes: la de los *Tristes* y la de los *Discursos en Verso.*

la misma Amalia Barla; ella sostendrá las recomendaciones y valoraciones de Figueredo hacia su versificación, pero, como bien señala Tomás G. Breña en el ya mencionado epílogo de *Cruce de escrituras*, ni la poesía de este ni su impronta estética personal influirán en su poética, por el hecho de que ambos escritores recorren sendas creativas diferentes que se interconectan simplemente en la voluntad y en el vigor de compartir la experiencia viva, briosa y personal de la enunciación lírica.

Conclusiones

La consolidación de los principios poéticos, rectores del mundo lírico de Amalia Barla acontece a partir de un longevo proceso de experimentación con el verso que se esquematiza a partir de una primera etapa iniciática durante el periodo de colaboración de la autora en la revista fernandina *Mástil*, en la cual se esboza un programa literario aún juvenil que deja vislumbrar portentosamente sus influencias líricas más cercanas, por ejemplo, unas amables reminiscencias a la impronta estética de Rubén Darío y de Leopoldo Lugones, principalmente en el cultivo del nocturno modernista. Una segunda fase de iniciación acontece en el proceso de creación de su primera y oficial publicación literaria realizada efectivamente en 1957, que se titula *Te apagarás como las lámparas*.

Esta obra se estructura en dos secciones separadas: la primera, organizada bajo el título de "Poemas 1953-1957" y la segunda con el nombre de "Estas ráfagas". La primera gran sección de este poemario integrada por diecisiete poemas representa el momento más experimental de la poesía de Barla, debido a las siguientes razones: la particular configuración procedimental que se lleva a cabo de la composición del nocturno, las latentes insurgencias de la voz poética en busca de un ámbito más íntimo y las voluntades comunicativas que emergen como consecuencia de los quiebres morfosintácticos. Todas estas características se complementan y organizan en el sentido de que son atravesadas por la constante convergencia retórica de dos cadenas isotópicas medulares: la correspondiente al semema de lo *trágico* y al semema de lo *orgánico*. Dichas cadenas contribuyen en definir el programa literario de Amalia Barla como una poética del claroscuro, como bien se puede asimilar en la integridad del título de su primera obra: *Te apagarás* sintetiza el imperante dictado trágico y sombrío del poemario, mientras que *como las lámparas* asimilará la significación orgánica y vital que integra el signo artificial de la lámpara.

La segunda sección del poemario, más escueta pues se encuentra integrada por cinco poemas, manifiesta el comienzo de la etapa de madurez estética de la autora en la cual se afianzan los principios rectores de su poética, y se establece una disposición coherente de los elementos discursivos más regulares, como las dos cadenas isotópicas principales, los quiebres morfosintácticos y las irregularidades semánticas que, en un sentido general, ofrecerán una valiosa significación a la integridad de la obra gracias a las articulaciones conceptuales brindadas a partir de la implementación de la matriz existencial matizada en la nueva incorporación de motivos existencialistas que cobrará mayor vigor en estas últimas composiciones.

Tales principios poéticos se vuelven fundamentales en la designación del ethos discursivo de Amalia Barla, que se construye a partir del proceso de lectura del poemario *Te apagarás como las lámparas*. La legitimación de dicha *imagen autorial* acontece gracias a las correspondencias que esta posee con la información personal de la escritora, que es presentada como metadiscurso por el profesor fernandino Alberto Vaccaro en un reportaje realizado en el año 1984 para su primera obra periodística *El cerro desde cada esquina*.

En *Te apagarás como las lámparas* se manifiesta la imagen de una creadora que posee conciencia de que su etapa de experimentación lírica consiste en ser una impetuosa búsqueda de una huella artística personal. Por eso, en poemas como "Vendrá la otra hora" explicitará por medio de la voz poética la necesidad y el anhelo del autodescubrimiento.

En igual medida, las cadenas isotópicas medulares de su obra existen naturalmente gracias a la experiencia conmovedora que la misma escritora vivió durante su infancia tras ser testigo del fallecimiento de una compañera de clase, a quien posteriormente le llevará flores como costumbre. En última instancia, Barla fortalecerá su vigor creador y lírico, en parte, gracias a la intervención crítica y emotiva de su esposo, el poeta Álvaro

Figueredo, quien resultará ser crucialmente el primer crítico literario de su obra y quien será además su apoyo de orientación en la búsqueda de su identidad artística, pero no a través de la imposición de principios poéticos propios, sino a través de un intercambio recíproco y armónico de experiencias líricas sensibles.

Antes de finalizar con el presente abordaje crítico, no podemos dejar de lado las nuevas y pertinentes cuestiones que surgen de los argumentos explicitados en el presente texto y brindan una serie de posibilidades críticas que necesitarán ser atendidas en algún momento: en primera instancia, ¿bajo qué medidas se puede establecer un diálogo estético entre *Te apagarás como las lámparas* y *Cruce de escrituras*? ¿Acontecerá alguna nueva configuración en la disposición de las cadenas isotópicas medulares y en el empleo de la matriz existencial o emergerán nuevos motivos literarios? ¿Cuál será el aporte estético que Amalia Barla brindará a su programa lírico a partir de su colaboración en la revista *Letras*? Y finalmente, ¿El ethos discursivo de Amalia respectivo a *Cruce de escrituras* se interconecta con el ethos correspondiente a *Te apagarás como las lámparas*?

Enunciar el presente texto no se escapa a la voluntad de ofrendar un acto de justicia hacia las poéticas marginadas y errantes de aquellas voces del silencio, intensas, entrañables, hondas y poéticas que surgen "en los surcos de la vida, desde las sombras hacia la luz, desde el hambre al pan. Desde la mesa oscura a la mesa tibiamente compartida" (Villarino, 2001, 146).

Amalia Barla es poseedora de una de las poéticas más convincentes del territorio fernandino, y tal vez del territorio nacional, quizá por ofrecer un ámbito lírico que se escapa a la impronta tradicional concerniente a coordenadas típicamente convencionales o, tal vez, simplemente por consensuar armónicamente en su retórica toda una serie de afluentes conceptuales, rítmicos y sintácticos que, en la pluma de algún otro poeta, resultarían en vagos retazos de una idea.

No constituye ninguna impertinencia culminar el presente espacio citando las palabras que Alberto Vaccaro emitió en su programa de radio *Pan de Azúcar en Sintonía* el día posterior a la muerte de la escritora, en las que se inmortaliza y se dignifica su espíritu libre y creador:

Había en el cielo una estrella pálida y nostálgica desde aquel miércoles de enero, y desde un nuevo domingo de agosto titila con fuerza, agita su latido [...] se instaló a su lado su estrella compañera. Amalia es otra vez de Álvaro y Álvaro de Amalia, para siempre jóvenes como en aquella época de maestros. Eternos como pareja de poesía, son nuestros. (Vaccaro, 1995)

Bibliografía

Amossy, R. "La doble naturaleza de la imagen de autor". *La invención del autor: Nuevas aproximaciones al estudio sociológico y discursivo sobre la figura autorial*, 2014, pp. 67-84.

Benítez Casco, H.. "Preludio del verbo". *Cruce de escrituras.* Por Amalia de Figueredo. Pan de Azúcar: Comisión de Cultura de Pan de Azúcar, 1988, pp. 3-11.

Casal, J. J. *Exposición de la poesía uruguaya: Desde su origen hasta 1940.* Buenos Aires: Editorial Claridad, 1945.

Darío, R. *Cantos de vida y esperanza.* Barcelona: Penguin Random House, 2015.

De Figueredo, A. *Te apagarás como las lámparas.* Montevideo: Colección Estuario, 1957.

—. *Cruce de escrituras.* Pan de Azúcar: Comisión de Cultura de Pan de Azúcar, 1988.

Genovese, A. *Leer poesía: Lo leve, lo grave, lo opaco.* Buenos Aires: Fondo de Cultura Económica, 2011.

Puentes de Oyenard, S. *Uruguay, mujeres y poesía (1787-2000).* Montevideo: Coedición AULI - Ediciones del Pizarrón, 2001.

Vaccaro, A. *El cerro desde cada esquina.* Minas: Imprenta Gómez, 1995.

—. *La Amalia que yo conocí* [fotografías]. *Pandeazucar.net.uy*, https://pandeazucar.net.uy/wp-content/uploads/2020/12/amalia-que-yo-conoci.jpg

—. *Amalia Barla de Figueredo* [fotografías]. *Pandeazucar.net.uy*, https://pandeazucar.net.uy/wp-content/uploads/2020/12/amalia-que-yo-conoci.jpg.

Yvancos, J. I. *La teoría del lenguaje literario.* Madrid: Cátedra, 1989.

Cruce de escrituras: el duelo existencialista de Amalia Barla

Franco Rocha

Introducción: la nueva vieja Amalia

Amalia Barla de Figueredo tardó más de treinta años en publicar su segundo libro, en 1988, al cual tituló *Cruce de escrituras.* Si queremos entender con mayor profundidad lo que representó para su poesía esta publicación, es necesario estudiar su génesis a partir de lo que ya conocíamos de su primera obra de 1957, *Te apagarás como las lámparas*, y los caminos que en su carrera poética escogió y transitó durante muchos años hasta llegar a la conformación de esta obra. Este recorrido solitario, íntimo y secreto que la poeta debió recorrer en el plano artístico también significó un proceso de angustia y dolor debido a las tragedias que el destino le deparó a ella como persona, como madre y como esposa, y a su ya de por sí trágica visión de la vida. Y es que, a la muerte de su amado esposo, el poeta Álvaro Figueredo, en 1964, le siguió la trágica muerte de su hija Silvia en un accidente de tránsito, apenas cuatro años después.

En este trabajo se buscará comprender cómo la poesía representó para Amalia un método de recuperación espiritual y cómo sus decisiones artísticas, que determinaron el carácter de su poesía, pueden ser analizadas en torno a dicho proceso de sanación: el duelo.

Es necesario tener en cuenta los aspectos fundamentales de su primera poesía, porque si bien es cierto que su vida en ese entonces no había tenido grandes tragedias, también es importante poder visualizar el carácter marcadamente trágico que se puede encontrar en sus poemas, en los que, por medio de un tono juvenil y evocación sentimental, encontraremos un Yo lírico introspectivo que recuerda a su madre fallecida, que siente el desasosiego existencial por el deterioro físico y el pasaje del tiempo, que medita sobre la muerte y busca en la vacilación entre el sueño y la vigilia suspender el tiempo. También podemos encontrar algunos símbolos que se van a repetir a lo largo de sus poemas y que jamás abandonará, como lo son el color verde asociado a la nostalgia y el color blanco asociado a la acción de la muerte, así como la utilización de elementos de la naturaleza, como las plantas y el agua, para representar la vida ligada al paso del tiempo. La convergencia de los signos orgánicos y trágicos, que adquiere su carácter particular por los ingeniosos quiebres sintácticos de la poeta, así como por sus típicas interpolaciones gramaticales, va a estructurar toda su poesía y, a partir de estos elementos, su contacto con el existencialismo filosófico, que ya aparece en su primer libro y se intensificará en *Cruce de escrituras.*

Es necesaria otra acotación con respecto al primer poemario de Barla. El Dr. Tomás G. Brena, en el epílogo de *Cruce de escrituras*, nos dice que en *Te apagarás como las lámparas* Amalia era una persona feliz debido a la unión amorosa de la propia familia, conformada por sus hijos Álvaro y Silvia, frutos del matrimonio con Álvaro Figueredo, a quien, además de amar profundamente, respetaba y admiraba debido a su faceta literaria. Este es un dato importante, porque fue Álvaro —en palabras de la propia Amalia cuando fue entrevistada por Alberto Vaccaro en 1984— quien le indicó que el fuerte de su poesía se encontraba en la sección titulada “Estas ráfagas” pues, desde una posición crítica, pudo sentir la fuerza de aquellos versos. Los poemas anteriores habían conformado una poética más experimental, pero allí Amalia comenzaba a encontrarse con su esencia poética. Lo que es más importante: en dichos poemas podemos encontrar la raíz que germinará con mayor fuerza en su segundo libro.

Cruce de escrituras está dividido en tres partes llamadas Primer tiempo, Segundo tiempo y Tercer tiempo. A su vez, cada sección se titula “Tristes”, “Cinco cuerdas distintas” y “Memorias del muriente”, respectivamente. Humberto Benítez Casco, en el prólogo del libro en cuestión, nos habla de que estos tres momentos configuran una dialéctica de creciente intensidad. Si nos remitimos al significado de sus nombres, podemos deducir en primera instancia dos cosas: en primer lugar, el tiempo aparece como elemento limitante y ordenador; en segundo lugar, se nos advierte del motivo trágico que encontraremos como estructurante de dichos poemas. Tomando lo que decía el Dr. Brena acerca del momento personal agraciado que atravesaba Amalia cuando *Te apagarás como las lámparas* vio la luz, podemos deducir que en *Cruce de escrituras* nos encontramos con una Amalia triste, melancólica y solitaria, porque aquella familia que la sostenía se ha desmoronado. Sin embargo, es necesario recordar que este motivo trágico está latente en toda su poética.

Si bien nosotros podríamos hablar, por ejemplo, de aspectos más formales como los originales encabalgamientos semánticos que rompen y vitalizan la sintaxis coloquial y prosaica o de cómo crea estructuras semánticas inéditas a través de la imaginería tradicional (como lo hace Casco en el prólogo), nos centraremos en la proyección de lo trágico y la fuerza que cobra con respecto a su primer poemario. Como habíamos adelantado, lo haremos en torno a la relación que podemos encontrar entre los mecanismos cognitivos que se activan en la producción artística con aquellos que lo hacen en el proceso del duelo, siempre con una tendencia a dialogar con el existencialismo filosófico que dicha relación produce en la poesía de Amalia.

El duelo de Amalia

Ya adelantamos que hay dos hechos capitales en la vida de la poeta que van a determinar que su visión y relación con la realidad se vea muy afectada: la muerte de su esposo Álvaro y la de su hija Silvia. Esto determinará además que la mente artística de Amalia esté totalmente influenciada por estos trágicos sucesos y que, en consonancia con el resto de su vida, el duelo se pueda respirar en la atmósfera de todos sus posteriores poemas. Es por eso que resulta necesario trabajar con el concepto del duelo y sus implicancias, de qué forma este proceso mental afecta a las personas y cómo, siendo nuestro objetivo principal, podemos encontrar reflejada en la poesía de Amalia una melancolía que remite a un duelo que duró toda su vida, una división entre el tiempo previo a dichas tragedias y el tiempo posterior a ellas y sobre la cual Amalia produjo su creación literaria. Para ello nos centraremos en algunos estudios sobre el duelo, comenzando por el realizado por Sigmund Freud en 1916, llamado "Duelo y melancolía".

Freud va a comparar la naturaleza de la melancolía con el afecto en cuestión. El duelo es definido como la reacción frente a la pérdida de una persona amada o de una abstracción que ocupe dicho lugar, como puede ser la patria, la libertad o un ideal. A raíz de presentar influencias idénticas, en algunas personas, en lugar de duelo se observa melancolía. Esta se caracteriza como una desazón profundamente dolida que se ve reflejada en una cancelación del interés por el mundo exterior, la pérdida de la capacidad de amar, la inhibición de toda productividad y una rebaja en el sentimiento de sí mismas que se exterioriza en autorreproches sin una causa en particular.

Ahora bien, el duelo también contiene la pérdida del interés por el mundo exterior (todo lo que no recuerde al muerto), la pérdida de la capacidad de escoger algún nuevo objeto de amor (en reemplazo del llorado) y el extrañamiento respecto de cualquier trabajo productivo que no tenga relación con la memoria del muerto. Es decir, hay miles de lazos que refuerzan la importancia del objeto amado para el doliente; de no ser así, dicho objeto no sería apto para causarle ese estado. Teniendo esto en cuenta, podemos comprender mejor la situación de Amalia.

Alberto Vaccaro le realizó la entrevista ya mencionada a Amalia en la propia casa de la poeta, y en ella se nos relata que el ambiente era de oscuridad y silencio (se imagina Vaccaro que fue así desde la muerte de Álvaro). Durante la charla, no dejó nunca de remitirse a su fallecido esposo y a su trabajo, como si ella hubiese vivido desde entonces bajo la sombra de aquel, y la casa permaneciera estática en un intento por retener los viejos tiempos. Es claro que Amalia cumple con las características planteadas por Freud acerca de lo que experimenta una persona en duelo, y su poesía no escapa de su necesidad por retener aquello perdido.

Así lo podemos ver en este fragmento del poema "Adiós, adiós!":

¿Se canta
lo que se pierde?"
Que sola y ebria
entre palabras
semiolvidadas

oigo rumores
oigo rumores.
¿Serán praderas? (De Figueredo, 1988, 16)

Podemos interpretar que el Yo lírico nos está dando la razón por la cual escribe poesía y bajo qué mirada lo hace: canta porque quiere recuperar lo perdido, está sola y se siente desorientada, anclada a esa pradera que ya es pasado. El signo de exclamación le otorga un carácter aún más trágico al pasaje, pues representa una consabida despedida, una que, sin embargo, no termina de concretarse. Algo que se hará visible a lo largo de toda su poesía, y como dice Freud con respecto al melancólico, es que existe una franqueza que se complace con el desnudamiento del Yo lírico: cómo se desnuda Amalia a través de sus versos.

Sin embargo, Freud también hace una diferencia importante entre el duelo y la melancolía, y es que mientras el primero desaparece, aunque sea de forma muy lenta, sin dejar tras de sí secuelas graves, en la melancolía parece que el sujeto no comprendiera el proceso. En el caso de Amalia, podríamos asociar entonces su estado emocional y psíquico con la pura melancolía, si no fuera porque ella tiene muy claros los motivos por los cuales se encuentra así.

Es necesario expandir nuestra visión con respecto a lo que conlleva el duelo, aportar miradas más actualizadas que cuenten con nuevos aportes de otros ámbitos que tengan en cuenta los efectos de dicho proceso en la creatividad de las personas. Para ello, vamos a utilizar el artículo *La lápida ausente: reflexiones sobre el duelo y la creatividad* (2012) de la psiquiatra Anna Ornstein. La autora comienza haciendo una distinción entre el duelo que tiene lugar tras la pérdida de un único individuo en circunstancias culturales ordinarias y el duelo tras múltiples pérdidas en condiciones traumáticas; volvemos a Amalia y al hecho de que su joven hija haya muerto en un trágico accidente poco tiempo después de la muerte de Álvaro.

Además, Ornstein agrega que el duelo es un proceso que puede llevar toda la vida y que, a diferencia de lo que muchos pueden creer, el duelo no consiste en olvidar, sino en recordar. No es casual que en su primer poemario Amalia solo haya utilizado un nombre propio (el suyo) y que en *Cruce de escrituras* nos encontremos con los nombres de su hija Silvia, de su esposo Álvaro, de Pan de Azúcar (su ciudad natal) y también de Maldonado. Es decir, la evocación de los recuerdos asociados a dichas personas y lugares en esos poemas que más adelante trabajaremos es parte del propio proceso del duelo que la escritora está atravesando. La internalización de los objetos perdidos cumple una tarea en dos sentidos aparentemente opuestos: mediante la mantención de una conexión interna con ellos se hace más fácil el desapego en el plano de la realidad.

Tomemos, por ejemplo, el poema "Triste de Maldonado" que Amalia escribió en el año del bicentenario de la ciudad; si bien fue en 1957 (antes de las muertes de su hija y esposo), fue publicado en *Cruce de escrituras,* donde adquiere un nuevo significado. Ornstein habla de los espacios conmemorativos como una forma de facilitar el duelo, ya que responden a una profunda necesidad de los supervivientes de grandes tragedias de articular aquello que sienten y que de otra forma no pueden verbalizar. En este caso, Amalia, al escribir un poema para preguntar de forma melancólica dónde se encuentra la ciudad de su niñez y elegir esa fecha tan particular para hacerlo, está creando ese espacio conmemorativo que le permite comunicarse con los lectores para, aunque sea de forma retórica, expresarles su sentir. Veamos un fragmento del poema:

> ¿Dónde están, dónde están?
> ¿Dónde están las viejas casas
> del antiguo Maldonado?
> ¿Dónde están los muros viejos
> y los graves portalones
> que despacio bostezaban
> donde entonces ay la hora
> parecía no apuraba? (De Figueredo, 1988, 23)

El psicoanalista George Hagman, hablando del proceso de internalización del objeto perdido, dice que la evocación compulsiva de innumerables recuerdos de la persona muerta (o ciudad perdida en este caso), no son simplemente imágenes estáticas del pasado, sino que la estructura psíquica del doliente se va modificando en torno a la internalización del muerto (lo perdido). Esta evocación compulsiva de la que habla Hagman crece en intensidad a lo largo del poema:

> ¿Dónde están, ay mi cantar:
> negros muros gallos blancos,
> el zaguán, las columnatas;
> cruza un aire, son delirios
> es la reja y el moaré,
> la guitarra, serenatas,
> calagualas, algún vals,
> sólo sé que van danzando
> sólo sé que voy llorando (De Figueredo, 1988, 25)

La razón por la que es importante reinterpretar este poema teniendo en cuenta la fecha de su publicación es porque su significado adquiere otro peso trágico para la autora. No es solo el paso del tiempo y el deterioro físico, sino que ahora encuentra un contraste todavía mayor entre su realidad y lo evocado en él: la joven que allí se imagina, ahora es la viuda que perdió una hija. El poema se siente como un paraíso perdido, un retazo de su memoria que nos ubica en un pasado distante, como si Amalia sintiera nostalgia no solo de lo que allí se expresa, sino de la realidad que subyace a ese Yo lírico: una familia amorosa la sostiene. Es por eso que el trabajo de seleccionar los poemas que se incluyen en un libro también tiene un valor artístico, en la medida de cómo cada uno contribuye con la integridad de la obra.

Aquello que podemos considerar como duelo exitoso no es más que una demanda que nos hacemos a nosotros mismos de crear algo, un poema, por ejemplo, que sea capaz de integrarse a la complejidad que supone nuestra relación con aquello perdido. El arte y los lugares conmemorativos tienen el poder de traer el pasado al presente, de modo que sentimientos que han estado latentes se abren paso y remodelan retroactivamente dicho presente.

Es pertinente remitirnos al artículo *La efigie literaria: escritura y duelo* del profesor Lorenzo Piera Martín y su postulación de la idea del duelo anticipado, es decir, antes de que suceda la tragedia, para analizar el poema que abre el libro con el que estamos trabajando, "Una lágrima para Álvaro", que dice así:

Para qué nos dieron
los ojos
los engañosos?

Para qué como flores
de olores
tan pasajeros?

Para qué tenerlos
si ellos son
como espejos

los engañosos
ay, los ojos
los pasajeros

como la flor?
Para qué nos dieron
para qué,

si a veces
miran sin ver?
Para qué tenerlos

¡ay los ojos!
Para qué
si cuando ven

si cuando ven
ay, se muere? (De Figueredo, 1988, 15)

Debido al título, al año de publicación y, por sobre todas las cosas, al contenido del poema, fácilmente podemos pensar que Amalia lo escribió pensando en su difunto esposo; lo cierto es que gracias a la entrevista de Alberto Vaccaro nos enteramos de que fue escrito no solo cuando Álvaro estaba con vida, sino que ella se lo recitó y fue muy de su agrado. Sin embargo, resulta imposible pasar por alto el tono trágico que lo vertebra, y cómo perfectamente se lo puede interpretar como si hubiese sido escrito en pleno proceso de duelo por parte de la doliente. Por eso es necesario comprender el concepto del duelo anticipado, porque a partir de este podemos entender por qué el tono del poema simula el mismo pesar que produce dicho afecto. Esto está en relación directa con lo trabajado previamente con el poema "Triste de Maldonado", pues, ahora resulta más propicio analizar dicho poema en función del duelo. Esta elección de la autora de crear arte que contemple lo que todavía no ha ocurrido como algo inevitable tiene que ver con su perfil existencialista reforzado, claro está, por su visión trágica de la vida debido a la suerte que le tocó vivir.

A partir de esto, resulta interesante referirse nuevamente a lo que propone Lorenzo Piera Martín, ya que asocia estas tendencias a cuestiones de índole social. La tendencia al individualismo y la desaparición progresiva de mecanismos sociales o religiosos sobre los que apoyar el sufrimiento del sujeto en duelo hacen que la pérdida de un ser querido deba superarse como un problema de estricto carácter personal. Así, la imaginería tradicional relativa a la muerte se ha ido relegando a otros dominios más simbólicos o artísticos. Todo esto hace que atravesar este proceso no sea tanto inscribirse en una particular combinación de prácticas culturales como articular todo un sistema de operaciones mentales personales que hagan frente al fenómeno de la muerte: van a aparecer interrogantes sobre el sentido de la vida, sobre la propia muerte o sobre la existencia, que contribuyen a la desestabilización de las nociones de base en torno a las cuales el sujeto codifica la lógica del mundo. Se trata de funcionar no a pesar de la muerte sino con ella.

Con respecto a la pérdida de las prácticas sociales que respalden al sujeto en duelo, resulta acertado relacionarlo con algo que propone Humberto Benítez Casco en el prólogo de *Cruces de escrituras*: habla de la poesía de Amalia como un ejercicio ritual, pues deja de lado el cálculo de la forma, así como no tiene pretensiones relacionadas con alguna otra ganancia que no sea la catarsis espiritual.

Está claro que no podemos interpretar la muerte únicamente a partir de la experiencia sensible: aquí entra el papel de la escritura literaria. Es necesario que un pensamiento llegue a cierto grado de resolución conceptual para ser expresado, pero a través de la enunciación literaria podemos expresar merodeos cognitivos previos a la formulación de un pensamiento. El sujeto en duelo aprovecha las zonas no definidas de la cualidad del muerto e incurre en diversos mecanismos enunciativos para prolongar cognitivamente la vida del difunto. Un ejemplo es la repartición entre cuerpo y alma que hace el cristianismo y que, en el caso de Amalia, podemos encontrar en el Yo lírico y su doble en forma de sombra atemporal. A partir de este desdoblamiento es posible una ilusoria conexión sensible con el pasado y, por ende, con los muertos que en ese entonces estaban vivos.

Tomemos como ejemplo un fragmento del poema "De mi pasar":

Puebla estos tiestos
que estoy muy pobre;
puebla, no puedo
es mucho engaño
Hubo mañanas
y algunas tardes
pero buscarlas

ay son pedazos
de algún cristal
que no es posible
ya rescatar.
Porque saberme
ser de dos tiempos
ay, verde cielo
de Dios, de verme. (De Figueredo, 1988, 18)

En los poemas de Amalia, estos mecanismos son utilizados con la intención de que el Yo lírico pueda alcanzar aquello que ha perdido, pero sin embargo nunca lo consigue. Como dice Lorenzo Piera Martín, la literatura permite al sujeto en duelo encontrar los procedimientos necesarios para escribir la muerte, una nueva forma de representar al muerto, a sí mismo y al mundo que queda tras la muerte.

El existencialismo heideggeriano de Amalia

Hemos mencionado más de una vez el carácter existencialista de la poesía de Amalia. El existencialismo nace como un movimiento filosófico y posteriormente toma la forma de una vanguardia literaria a mediados del siglo XX. Si bien nunca se llegó a tener una definición rigurosa del término, podríamos decir que se entiende en función de una oposición con la filosofía existencial, en la que se considera que el punto de partida del ejercicio filosófico debe ser el individuo y sus experiencias subjetivas del mundo. Si bien hay muchos exponentes, tanto de la escuela filosófica como de la vanguardia literaria, nosotros trabajaremos con el existencialismo del filósofo alemán Martin Heidegger; la asociación de la poesía de Amalia con sus postulados filosóficos ya había sido sugerida por Casco en el prólogo de *Cruce de escrituras*, cuando decía que cierto sintagma hacía referencia a la habladuría del vivir inauténtico, si lo leíamos en torno a una concepción heideggeriana.

La relación que haremos de la poesía de Amalia con el trabajo de Heidegger estará basada más precisamente en los postulados del libro *Ser y tiempo* (1927) de este último. Sin embargo, a fin de trabajar con una versión simplificada y más clara de los escritos del filósofo, utilizaremos el manual de Arturo Leyte: *Heidegger: el fracaso del ser* (2015). Allí se explica que el éxito del filósofo alemán se visualiza en una reinterpretación del papel histórico de la subjetividad, la que debe entenderse a partir de su constitución mortal, es decir, reconocer en el tiempo el sentido del ser en general. Así, y mediante el desmontaje del sujeto en el sentido clásico, se dará la aparición del sentido mismo del ser. Como vemos, la muerte es el elemento central y se trabaja en función del tiempo; es por ello que resulta pertinente leer los poemas de Amalia bajo la luz del filósofo, siendo que este, además, encontrará en los poetas la clave para conseguir un relacionamiento más auténtico entre las personas y las cosas.

La primera parte del libro en cuestión trata sobre el análisis existencial, la única parte que Heidegger alcanzó a escribir de forma desarrollada (si bien tampoco pudo terminarla), pues, la segunda parte del libro solo alcanzó a ser un esbozo de lo que pudo haber sido. Bajo la premisa de que las cosas son y de que las personas existen (porque las cosas no pueden salirse de sus límites mientras que las personas están en un cambio continuo, en un "no ser sí mismas"), el análisis existencial es el de todo aquello que resulte relevante con anterioridad a cualquier categoría conceptual y se refiera solo a las condiciones de la existencia. Es decir, mediante la destrucción de los conceptos podemos asistir al desocultamiento de la verdadera esencia del ser y, como ya lo decía el propio Casco, la poesía de Amalia se inscribe en aquellas que están en una búsqueda continua por desengañarse de la exterior apariencia.

Leyte hará una distinción muy importante entre el miedo, que surge cuando nos enfrentamos a algo concreto, y la angustia, que se da cuando no nos enfrentamos a nada en particular y que define a la propia existencia, pues esta no es más que un constante "poder ser" que nos obliga a elegir a cada paso, sin sitios donde nos podamos refugiar. Esta aclaración es pertinente ya que, si bien la existencia aparece temporalmente, es solo a través de la angustia que puede ser vislumbrada.

No es casual que nos detengamos en esta distinción que el autor hace de la angustia, pues la poesía que en este trabajo nos compete, como hemos comprobado y lo seguiremos haciendo, desborda angustia en cada verso. Este es el método que Amalia utiliza para vislumbrar los fantasmas de sus seres amados; es solo a través de ese sacrificio personal, el de no soltar —aunque eso signifique cargar con un peso enorme— que Amalia conserva aquello que está más allá de la muerte, pero que solo a partir de ella somos capaces de percibir.

Como habíamos comentado previamente, hay una necesidad del doliente por mostrarse al descubierto, y Amalia no pierde oportunidad de desnudarse frente al lector a través de su Yo lírico. Por ejemplo, en el poema "Este saberme muriente" nos dice:

Ay este verme
y no verme, cuánto
saberme muriente
-tormenta y tormento-
del tiempo y el ser. (De Figueredo, 1988, 50)

La muerte será el límite de la existencia y, por lo tanto, también es su garantía: la existencia se da porque presupone la muerte. Si continuamos con la diferenciación entre el ser y las cosas, podemos decir que las cosas no mueren, sino que tienen un final, y es solo el ser quien muere, pues solo el ser existe. La muerte será entonces la suprema interrupción, lo que hace aparecer al ser como acontecimiento y no como mero concepto.

Leyte nos dice que en el texto de Heidegger *El origen de la obra de arte* subyace una consideración de carácter ontológico sobre la obra de arte: no se trata de comprender la obra de arte a partir de la cosa, sino de comprender la cosa a partir de la obra de arte. La verdad vista con el doble carácter oculto y desoculto se reinterpreta a la luz del acontecimiento del arte: se presenta la finitud de las cosas, así como de las palabras que no lo pueden todo, y este "defecto" es el que permite que tengan poder. Casco describe una preeminencia semántica del lenguaje poético de Amalia, es decir, deja de lado los deslumbramientos fónicos o geométricos, así como los paralelismos semióticos, porque lo que le interesa a ella es decir la verdad.

En el poema no solo se dice algo, sino que allí tiene lugar el mismo decir: la particularidad del poema frente al enunciado ordinario. Es que allí ocurre el descubrimiento, o sea, aparece la cosa como es. Es por ello que se puede decir que el destinatario de la poesía de Amalia se encuentra en un aquí y un ahora, y esto conforma un ámbito cerrado parecido al de un sueño. De hecho, la construcción de este suceso no solo está en el carácter poético, sino que el propio contenido de sus poemas busca crear una atmósfera atemporal propicia para el descubrimiento, como ocurre en el poema "Dejadla en el minuto que no existe":

Dejadla
en el sinminuto del mito

oficiante de una estirpe
de sucesivos simultáneos folios
con historias sosegadas turbulentas
dejadla
ésta o la otra o la otra
capitana de asfodelos.
Autómata
oficiante de una estirpe
dejadla
ser por igual el vino ebrio
la hondonada
el río que enamoró a una doncella
la hojarada
el signo zodiacal
en campos de azures y de oros
exactos y contradictorios ellos. (De Figueredo, 1988, 41)

Para Heidegger, el tiempo no es la ininterrumpida sucesión en la que se inscriben las cosas bajo determinadas condiciones, sino el entramado o fondo según el que tienen lugar las múltiples remisiones. Podemos relacionar este postulado con aquello que Casco plantea acerca de la poesía en general: esta nos habla de todo simultáneamente sin decirnos nada sucesivamente. De esta forma, el pasado no es lo que ha desaparecido del todo, sino aquello que aparece como perdido e irrecuperable, pero que, justo de esa manera, comparece y puede visualizarse en proposiciones lingüísticas.

La diferencia entre *decir* y *conocer* es el punto de partida de Heidegger, y esto está en relación directa con los textos de Heráclito. Con respecto a esta postulación, en su obra *Heráclito o el filósofo del eterno retorno* (1977) el francés Jean Brun nos dice que el filósofo alemán ve en el autor griego la formulación del verdadero problema filosófico: la relación que hay entre el ser y lo existente, en una filosofía para la que el ser está dado como lo que se muestra y se oculta, siendo el *logos* la totalidad reunida en el ente mismo. He aquí que surge el sentido trágico de la cuestión: existe una incompatibilidad entre el logos y el hombre y, por ende, su lenguaje. Esto hace que la cosa sea decible pero irrepresentable; esto hace que la búsqueda del poeta sea interminable y, muchas veces, frustrante. Pero es mediante la poesía que nos acercamos, si no a lo oculto, a la vacilación que nos permita visualizar que hay algo más allá de lo representable. No resulta gratuito indicar el interés de Amalia por el autor griego, siendo que llegó a escribir un poema, llamado "El río", en el que lo cita y en donde es clara la referencia explícita de ver en el movimiento de las aguas del río una metáfora del paso del tiempo:

> No se detienen
> y "nuevas corren"
> tras las pasadas.
> Ay del misterio
> del río del río
> que las empuja:
> hojas del mundo
> sabias criaturas
> hablan de hartura
> y están en sed... (De Figueredo, 1988, 30)

Volviendo a Heidegger, Leyte nos dice que el lenguaje es la manifestación misma del ser, el ser es no solo lo que se presenta sino también lo que en ese presentarse se queda atrás (el fondo o sentido). De esta forma, el lenguaje da cuenta de eso que no aparece, así como la vida da cuenta de la muerte. Eso oculto, lo que no se deja tocar de forma directa, es visto como bello y sagrado, pero en el silencio. Es por ello que Amalia, nos dice Casco, tiene la convicción de que la palabra final tiene un orden secreto que no es el de la inteligencia que la moldea, sino el del alma que da ser a esas palabras.

El lenguaje, nos dice Leyte, es como si fuera la casa del ser, pero no vista como una substancia, sino como la diferencia entre el interior y el exterior, es decir, como si fuera un umbral. La belleza, entonces, no puede ser localizada, pero sí sabemos que surge en dicho límite. El poeta no va a comunicar significados, sino que indica y dice las cosas devolviéndole al lenguaje su capacidad de nombrar antes que significar. Hay un tono de fondo (un sentido) que no aparece, pero sí existe una tendencia por aparecer con un carácter artístico: la naturaleza, como lo divino o la belleza, no es más que aquello que no termina de aparecer, pero que se manifiesta como tal —es decir, como un no aparecer— en todas las cosas. Casco nos dice que en el caso de la poesía de Amalia cada vocablo pesa como una potencia trágica e insoslayable, es decir, no solo tiene una vigencia estética sino, y lo que resulta esencial, una vigencia existencial. Es por eso que sus poemas representan un desafío de tres dimensiones: verbal, humano y metafísico.

Verde y blanco: los colores de Amalia

Habíamos establecido desde un principio algunas particularidades de la poesía de Amalia que dan forma y sentido a sus poemas desde sus comienzos como escritora, al menos teniendo en cuenta lo que conocemos, lo que podemos encontrar publicado en sus libros o en alguna que otra antología de poesía uruguaya. El que quizás sea el elemento estructurante por excelencia en su poesía es la convergencia de los signos orgánicos y trágicos, y en esta sección hablaremos del uso que Amalia hace de los colores verde y blanco a partir del papel que desempeñan para potenciar dichos signos. El estudio de la utilización de los colores en el arte no es algo nuevo, pero mientras dialogamos entre lo que ya se ha dicho acerca del tema y la poesía de Amalia, que se podría decir es aún tierra virgen, podemos aportar complejidad al significado que los colores han adoptado a lo largo de la historia de la literatura.

En primer lugar, hablaremos de los elementos orgánicos que aparecen frecuentemente en los trabajos de la poeta. Ya trabajamos extensamente los dilemas del tiempo, la finitud de la vida, el sentido de la existencia y demás cuestiones filosóficas; para representar todos estos asuntos, Amalia utilizará diversos elementos naturales. Es decir, a partir del equilibrio de la naturaleza y el sentido de lo primitivo (digamos lo esencial), la poeta utilizará las plantas, los árboles, las praderas, las flores, los ríos, los mares, los animales, entre otras cosas, para representar sus preocupaciones existenciales, así como sus más grandes anhelos. Sin embargo, dichos elementos adquieren el peso trágico correspondiente cuando son asociados con sus respectivos colores. Haremos entonces un pequeño análisis de lo que están representando los dos colores que predominan en sus poemas (el verde y el blanco). Para ello, utilizaremos como base el discurso que el escritor Eduardo Mora-Anda dio al ingresar en la Academia Ecuatoriana de la Lengua en el año 2010: *Los colores en la literatura, la poesía y la vida.*

En su discurso, el escritor hace un recorrido histórico-literario deteniéndose en los diferentes colores y citando distintas obras de diversos autores de remotas épocas que los han colmado de significado. Cuando llega por fin al color verde, lo presenta en contraste del color negro, del cual habló previamente y se refirió como aquel que representa la ausencia de las cosas: de la vida, del aire, de todo, cual si fuera un agujero negro. Por lo tanto, en palabras del escritor, el verde es el antónimo por excelencia del negro, pues representa la vida: la verde naturaleza, las verdes praderas, los grandes bosques, los nuevos árboles y la vida en el mar; se podría decir que lo asociamos con todo aquello que tenga fertilidad. Sin embargo, si volvemos a la poesía de Amalia, el verde no representa precisamente algo positivo como parece representar en otros casos. Tomemos como ejemplo un fragmento del poema "Aunque el verde tiente":

> Aunque el verde tiente
> -sínodo de olores-
> no quiere no quiere
> abrir miradores
> hacia la otra hora
> A solas sola
> se la quema el verde,
> ajena, sin huerto (De Figueredo, 1988, 26)

El verde es presentado como aquello que impide el paso hacia el lugar deseado, donde no haya soledad y, además, representa lo opuesto a la fertilidad en tanto que es lo que provoca que el huerto se queme. Veamos ahora un fragmento de "Suspenso en la madrugada":

> Podría sí
> ser tan eficaz como la noche
> como la noche
> sobre el mar
> como la noche
> como la noche
> que Dios trama y destrama
> este sitio de encanto
> ¡tanto se atreve!
> La fugitiva cierva del edén
> sin ah sin ay sin ah
> verde verde en sus delanteras
> verde verde en unos ojos
> inverosímiles
> que no responden y responden a
> misteriosa respuesta y todavía no. (De Figueredo, 1988, 43)

En este caso, el verde es la representación de todo aquello en su estado original; el yo lírico se compara con Eva en el Edén, en un lugar sagrado, donde no existe el sufrimiento. Sin embargo, esto no es más que un deseo: "Podría sí" comienza diciendo el Yo lírico, y luego de plantear la escena de la cierva en el Edén concluye con "que no responden y responden a/ misteriosa respuesta y todavía no". Nuevamente el verde representa lo inalcanzable, algo que el Yo lírico desea, pero que no genera vida, porque no es más que una visión.

Si regresamos nuevamente al discurso de Mora-Anda encontraremos una respuesta. Allí nos dice que también existe el verde que extrañamos, es decir, el verde de la ausencia, aquel que ya solo es memoria; ya no existe fecundidad en ese verde, solo es un rastro de lo que alguna vez fue. Es decir, el verde como tal está representando aquello que el Yo lírico desea: aquella vida perdida, aquella juventud, aquella felicidad. Pero es ilusorio, hecho de la misma substancia de la que están hechos los sueños.

Resulta pertinente retomar el tema del duelo para aportar algo que tal vez nos aclare la implicancia del verde en la obra de Amalia. El filósofo Thomas Metzinger, en su libro *El túnel del yo*: *ciencia de la mente y mito del sujeto* (2018), refiriéndose justamente al proceso del duelo, sueña con un futuro en el que podamos describir la experiencia a través de conceptos neurobiológicos más precisos y fiables que los fenomenológicos, de manera que pudiéramos expresar un cierto tono de verde a través de las dinámicas cerebrales que lo hacen aparecer en nuestra conciencia. Para entender mejor a qué se refiere el autor cuando nos dice esto, podemos remitirnos al artículo *¿Está el verde en el cerebro?* de José Luis Díaz Gómez, en el que habla de la asociación del color verde con la mente como una metáfora afortunada que puede estar insinuando un efecto equilibrante, refrescante o incluso tranquilizante en la conciencia. Tal vez esto representaba para Amalia el color verde y, por medio del Yo lírico, buscaba el equilibrio espiritual necesario para poder continuar con su vida, que encontraba rememorando a sus seres amados, a sus viejos anhelos, sin perder de vista que estos ya no le pertenecían.

Pasemos ahora al color blanco. Mora-Anda deja para el final a este color tan especial que contiene a todos los colores y por ello representa la integridad. La luz blanca, nos dice, se descompone en el arco iris, representa la santidad, la pureza, un Ser completo; la túnica de Jesús era blanca, por ejemplo. Conceptos como el equilibrio, la libertad y la sabiduría están fuertemente ligados a este color. Podemos encontrar un poema de Amalia en el que se ven reflejadas todas estas características en el blanco pelambre de un animal mitológico: "Celebración del unicornio":

¿Dueño de qué imperio
vienes como un paisaje
blanco blancoblanco
andante trotecillo ideal?
Tu fulgor hechizo más

alucinado en la pupila
más más en el ijar
más más en la cola
inquieta inquietante.
... Saetas te quieren
saetas se atreven
pero no pueden.
Esquivas razones y
eternamente joven
invulnerable
pisas y no pisas,
creas irreales tapices. (de Figueredo, 1988, 32)

Como podemos observar, el blanco asociado al unicornio representa algo sagrado, puro, eterno, aquello que puede sortear las trampas de la crueldad humana; la belleza en su máximo esplendor. Ahora bien, esta utilización del color blanco no es la más frecuente en la poesía de Amalia; ya habíamos adelantado desde un principio que el color blanco estaba asociado principalmente con la muerte y su efecto fulminante. Si nos remitimos nuevamente al discurso de Mora-Anda, encontraremos que se refiere a *Moby Dick* de Melville para encontrar en el blanco otra simbología, otra blancura. Para ahondar más con respecto a esto, vamos a tomar las palabras de Borges durante una entrevista que le realizaron en 1985, en donde postula que el tema en *Moby Dick* es la idea del horror de lo blanco, porque el autor habría encontrado en él la ausencia de todo color para la vista. Borges también comenta el tema de la inmensidad del blanco y de cómo la raíz etimológica de la palabra es la misma que la raíz de black (negro), y dicha raíz se asocia con algo descolorido, por lo que el blanco toma un carácter sucio. En fin, la ballena encarna el mal, la obsesión y muchas otras características negativas, todas las cuales se asocian al color blanco.

Leamos ahora un fragmento del poema "De las horas":

Como otras penas
que no he llorado

me suben flores.
¡Qué de las horas!
¡duelen de blanco!
Tarda la tarde
¿vendrá la noche?
Falta la copla
sobra el llorar
... Lejos lejano
se abre el portal. (De Figueredo, 1988, 19)

Aquí el blanco toma forma de luz enceguecedora, de lo estático de las horas, del día que no quiere terminar. El asociar las horas con lo blanco en este contexto nos permite interpretar estados de carácter negativo: soledad, desamparo, frialdad; se siente como si la realidad doliera y el Yo lírico estuviera buscando ese portal que parece estar abriéndose a lo lejos como única salida.

Ponemos un último ejemplo y quizás el más trágico de todos, el poema "Aires de Silvia":

Dadme una rama
verde y setiembre.
Quítame el peso
de estos dos tiempos;
es ya tormento
vivir de espejos.
Dadme una rama
verde y pudiente
de allá del sur,
de allá del sur.
Acá la nieve
en el asfalto
ligera tenue
posa sus pasos
posa sus pasos
ligera y breve

danzando está...
Sola y del árbol
que hable y de allá!
¿Tantas terrazas
y no la encuentro?
Asoma una
su verde cara
es la doncella
en el ventanal.
La nieve danza
la nieve danza
ligera en ella
mágica y blanca
mágica y blanca
ligera y breve
fugaz se va...
fugaz se va...
La despojada
tiembla y se calla
¡La niña canta! (De Figueredo, 1988, 21)

Dedicado a su hija fallecida, encontramos la nieve como principal elemento del poema. Existe una dualidad muy interesante con respecto al efecto que dicho elemento genera en el lector: por un lado, entendemos el contraste de la blanca nieve simbolizando la muerte frente a la verde rama simbolizando la vida, pero, por otro, esta blancura no es sucia, no es molesta y, de hecho, está llena de belleza. En este caso, la nieve está simbolizando la pureza, la ternura y la fragilidad de las personas que se enfrentan al paso del tiempo como seres efímeros. El verde, como habíamos dicho, es la nostalgia de la vida perdida, mientras que el blanco representa la muerte. Lo interesante es ver cómo el blanco siempre está utilizado con diferentes matices: desde lo sagrado, lo perturbador, lo frío, lo puro, lo enceguecedor; en definitiva, parece ser aquello que inevitablemente nos envuelve y nos indica nuestra condición de mortales. Lorenzo Piera Martín, refiriéndose a la escritura durante el proceso del duelo, nos dice que la muerte es uno de los conceptos más abstractos que maneja el ser humano, por lo que tiende a buscar otra realidad mucho más concreta en la que poder proyectar sus reflexiones. Tal realidad no es otra que el espacio de acción de la muerte, es decir, el cuerpo sin vida. En el poema en cuestión, el Yo lírico está buscando a una doncella y por fin logra encontrar su cara verde en un ventanal, mientras la nieve danza y se va. La nieve representaba para Amalia más que una metáfora de la muerte y lo efímero. Quizás en ella veía el cuerpo sin vida de su hija Silvia: delicado, puro, sagrado, bello, frío y sin vida. Aun así, a través de su memoria y su poesía, Silvia permanecerá por siempre como una verde rama de setiembre.

Conclusión: una flor para Amalia

Hay algo que tuvo un impacto muy grande en la vida de Amalia, antes de conocer a Álvaro, de tener una familia o de publicar un poema, y eso fue la muerte de su compañera de tercer año de la escuela. Amalia recuerda, en la entrevista con Vaccaro, que desde el momento en que le llevó flores a su difunta compañera su vida cambió para siempre. Este impacto trágico va a ser visible en toda su obra poética, porque si bien quizás siempre tuvo una tendencia a concebir la realidad como algo trágico, a partir de este suceso Amalia incorporó ciertos elementos en su forma de expresarse artísticamente que le permitieron relacionarse con la muerte de una forma muy particular. Las personas reaccionan de formas extrañas frente a lo que las conmueve profundamente; tal vez por esa razón, Amalia fue maestra durante un cuarto de siglo o, tal vez, por esa razón le mandaba libros a su hijo en Canadá con flores entre las páginas. Lo cierto es que el arte fue la vía que nuestra poeta encontró para salvarse de la cruda realidad, para soñar despierta y poder reencontrarse con su madre, su Silvia y su Álvaro.

Parece que el proceso del duelo le llevó toda la vida, pero, si tomamos en cuenta lo que propone el existencialismo heideggeriano, a través de la angustia concebimos al ser. A través de su angustia Amalia retuvo algo más que simples recuerdos: retuvo con vida los sentimientos más puros del alma humana, porque si en las flores ella veía muerte, también veía a quienes alguna vez vivieron florecer en cada primavera. Solo queda citar las bellas palabras de Julio J. Casal para describirla: "Desde su rincón de la sierra, sueña entre un aire de jacintos, y dice su dulce rocío de palomas. Vuelan sus ojos a la estrella alta, recoge su fulgor y nos lo da en el álamo del verso" (Casal, 557).

Bibliografía

Borges, J. L. *El otro, el mismo*. Buenos Aires: Emecé, 2005.

Borges, J. L., y O. Ferrari. *En diálogo*. Vol. 1, Buenos Aires: Siglo XXI, 2005.

Brun, J. *Heráclito o el filósofo del eterno retorno*. Traducción de Ana M.ª Aznar Menéndez. Madrid: Edaf, 1977.

Casal, J. *Exposición de la poesía uruguaya: Desde su origen hasta 1940*. Buenos Aires: Editorial Claridad, 1940.

De Figueredo, A. *Te apagarás como las lámparas*. Montevideo: Ediciones Sureste, 1957.

—. *Cruce de escrituras*. Pan de Azúcar: Comisión de Cultura de Pan de Azúcar, 1988.

Freud, A. "XIV. Contribución a la historia del movimiento psicoanalítico". *Trabajos sobre metapsicología, y otras obras (1914-1916)*. Buenos Aires: Editorial Amorrortu, 1993.

Gómez, J. L. D. "¿Está el verde en el cerebro?" *Revista de la Universidad de México*, no. 1, 2021, pp. 15-21.

Hülsz Piccone, E. "Heidegger y Heráclito". En Yáñez Vilalta, A., ed. *Martín Heidegger: Caminos*, Cuernavaca: Centro Regional de Investigaciones Multidisciplinarias / UNAM, 2009, pp. 129-134.

Leyte, A. *Heidegger: El fracaso del ser*. Madrid: BonalletraAlcompas, 2015.

Metzinger, T. *El túnel del yo: ciencia de la mente y mito del sujeto,* traducción de E. Pérez-Manzuco. Madrid: Enclave de Libros, 2018.

Mora-Anda, E. *Los colores en la literatura, la poesía y la vida*. http://www.afese.com/img/revistas/revista56/coloreslit.pdf

Ornstein, A. *La lápida ausente: Reflexiones sobre el duelo y la creatividad*. *Aperturas Psicoanalíticas*, 2012. http://www.aperturas.org/articulo.php?articulo=781

Piera Martín, L. "La efigie literaria: escritura y duelo". *Humanidades* (Montevideo. En línea), no. 6, 2019, pp. 153-175. https://dx.doi.org/10.25185/6.6

Vaccaro, A. *El cerro desde cada esquina*. Minas: Imprenta Gómez, 1995.

El enigma en los versos de Figueredo

Katherine Furtado

Introducción

En primer lugar, Álvaro Figueredo fue nombrado como un gran poeta y creador de la poesía hispanoamericana contemporánea, ya que en su producción se destaca la emoción y la dulzura con la que se refiere a los niños pobres en las diversas obras infantiles que se inspiran en el escenario de su ciudad natal, Pan de Azúcar. El escritor estaba tan arraigado a ella que permaneció allí toda su vida en ella, convirtiéndose en un ejemplo de poeta fiel a su tierra, la que sirve de escenario para el desarrollo de su personalidad creadora.

En 1989 su hijo Álvaro Tell decidió recopilar toda su obra, enfrentándose a la dificultad al tratar de clasificar y definir una producción tan grande como versátil, original, alejada de las fórmulas y los esquemas. Su obra en prosa consta de cinco cuentos, dos obras dramáticas, diez ensayos de temática absolutamente variada, once discursos, seis artículos periodísticos en la revista *Marcha* en el año (1944-45) y ocho artículos periodísticos en el *Diario Punta del Este* (1954-55). Por otra parte, de su obra en verso podemos decir que la totalidad de sus poemas compilados hasta ahora constan de doscientos cincuenta poemas (más cincuenta poemas que se encuentran en el libro *ABC del gallito verde*), quince romances, siete cantos, cinco himnos, entre otros como cartas, notas y relatos autobiográficos que fueron rescatados por su hijo. En definitiva, se trata de una obra que mezcla belleza y enigma, impregnada de solidaridad humana, con sentido directo social del arte y amor a la libertad.

Esta investigación estará orientada al estudio del lenguaje poético que utiliza el autor en su primer poemario: *Desvío de una estrella* (1936), para describir un paisaje natural que se presenta acorde al tema del poema; es decir, se estudiará a la naturaleza en una de sus dos facetas más recurrentes dentro de su obra, la agresiva y oscura, que en ocasiones hasta se presenta como belicosa. Cabe destacar que en muchos de sus textos la naturaleza también es prodigiosa y transmite paz. En todo su poemario percibimos la relación que plantea entre el lenguaje y los elementos naturales que en su conjunto expresan los sentimientos más profundos del hombre. En este volumen, la naturaleza se presenta en función de una lírica que plantea el amor, la batalla y la soledad. Por otra parte, es posible decir que en esa naturaleza hay un juego de belleza y misterio con un estilo original, que le exige al lector ir más allá del sentido lógico y percibir lo local. El autor utiliza elementos propios de su entorno para expresar su admiración por lo terrestre y lo inmediato, transmitiendo misterio y subjetividad a través de un lenguaje apocalíptico que plantea el fin de los tiempos y todo lo que esto conlleva.

Álvaro Figueredo, el poeta

Como se dijo anteriormente, el 6 de setiembre de 1907 en el departamento de Maldonado, específicamente en la ciudad de Pan de Azúcar, nace Álvaro Figueredo. Pasó su infancia en la pequeña ciudad, donde cursó la primaria y secundaria. Abandonó por poco tiempo su pueblo durante los años que se tuvo que ausentar para estudiar la carrera de magisterio. Se recibió en 1932 como Maestro en Educación Primaria y tres años más tarde se casó con la que sería su esposa hasta sus últimos días, la señora Amalia Barla, quien, al igual que él, también era maestra y poeta.

Figueredo sentía admiración por el arte de la expresión verbal y ya mostraba su destreza y talento en lo que se refiere a la escritura. Por esta razón, continuó estudiando hasta que en 1944 se formó como profesor de literatura. Con su esposa no solo compartían la misma profesión, sino que ambos sentían una gran admiración por la literatura y escribían durante horas sentados en la misma habitación.

Si bien Figueredo tenía mucho talento lírico, y podríamos decir que es uno de los mayores poetas uruguayos, es a su vez uno de los que poco sabemos, ya que su obra no ha sido muy difundida y, por esta razón, tampoco se le ha dado el reconocimiento que merece. Parece ser que esto se debe en gran parte al propio poeta, ya que era un hombre con una personalidad tranquila y hasta un poco retraído en cuanto a la ambición publicitaria. Desde su primer libro *Desvío de una estrella* (1936) se puede observar a un poeta que se dejaba llevar por el acto creador, cuyos rasgos y características típicas literarias fue puliendo en sus siguientes creaciones. Su mundo poético es de carácter unitario, debido al sentimiento del escritor hacia la naturaleza y lo terrestre, en especial al de su lugar natal, pasión que transmite al lector en cada uno de sus versos.

En efecto, su creación poética es fundamentalmente lo terrestre en relación con la vida, en la que se vale también de lo histórico regional para hacer determinadas inflexiones que van pintando un subjetivismo del Yo poético. En este, profundiza muchas veces en temas de carácter filosófico y en lo oscuro del ser, por lo que el lector puede deducir (aunque no es así) que está frente a una poesía de carácter surrealista. El uso de los sustantivos en esta lírica está pensado de forma óptima para describir lo que se quiere expresar, como también los adjetivos que los cualifican para poder así marcar las tonalidades e incluso las antítesis entre lo claro y lo oscuro o relacionadas a los estados de ánimo.

No cabe duda, por lo tanto, que en los versos del pandeazuquense hay un alud de enumeración y un derrame de imágenes que, en algunas ocasiones, fue comparado incluso con los poetas que escribían sobre temáticas patriotas, a los romances y a los poemas narrativos. No es ningún secreto que Figueredo era admirador de la poesía de Bartolomé Hidalgo —si bien estamos haciendo referencia a un creador del siglo XIX, la composición poética del siglo XX estuvo ensayando el verso del menester de clerecía—, por lo que es posible ver muchas veces creaciones literarias que cantaban a la patria vieja siguiendo formas de la literatura medieval española. A estos poemas patrióticos o históricos se le suman los poemas regionales que utilizan, como se dijo anteriormente, el paisaje como escenario o protagonista. Álvaro Figueredo es un poeta que reúne e integra dichas características, pero no de una manera cerrada, porque lo hace desde una postura más sencilla y transparente en el que va pintando un paisaje lleno de cerros, mar y vegetación, típico de la zona oeste del departamento.

Obra

Desvío de una estrella

En cuanto a sus dos libros de poemas, podemos decir que el primero, *Desvío de una estrella* (1936) tiene un tono melancólico planteado a través de un anhelo de tiempos, situaciones y personas que ya no volverán. No se puede hablar de una poesía que capta la sensibilidad de su época porque Figueredo intenta transmitir el espíritu que, si bien se desprende de una modernidad profunda que manifiesta los hechos de manera tácita, a veces se presenta oscura, planteando la fatalidad de forma misteriosa. Así, presenta una imagen distinta de la materia del ser a través de la memoria de un pasado que permite revivirlo por medio del derrame de representaciones moderadas de un lenguaje abstracto. Por esta razón, el valor de sus poemas está en la riqueza del lenguaje con el que plantea temas tan profundos como la muerte, el olvido y el propio ser porque, en definitiva, la valía de su obra reside no tanto en su temática, sino en cómo la plantea.

Es evidente que este poeta no escoge seguir un estilo sencillo. Por el contrario, opta por una estética en la que el lenguaje inicial intenta rescatar el esplendor de algo que se fue o se irá irremediablemente. Las imágenes y representaciones que transmite en sus textos se logran a través de una profunda y compleja sintaxis que permite fijar en la imaginación del lector la violencia, lo abrupto y las imágenes oscuras que desea comunicar.

En este poemario, el presentimiento es una constante en sus versos planteando lo efímero de la vida y en muchos casos la propia derrota del ser a través de revelaciones que no puede aseverar. Así, sus versos pretenden expresar lo arcano a través de una escritura ecuánime, sesgada, precisa y distante que representa una visión sin quedarse en un cándido registro emotivo.

No obstante, lo más singular de la poesía es la sensibilidad que conmueve, concientiza y humaniza el arte a través del lenguaje que Figueredo desarrolla en sus textos. En efecto, su poesía transmite primeramente el goce de la palabra para luego expresar sufrimiento a través de esta. *Desvío de una estrella* plantea, ante todo, una experiencia impersonal que va más allá de lo existente y comunica el cruce hostil de las fuerzas que se extienden hacia un desenlace en el que predomina la falta y necesidad. Para esto, muchas veces personaliza la adversidad y la desdicha de forma individualizada y en otras como algo impersonal, porque el dolor, el sufrimiento y la muerte son algo que no dependen de la voluntad, sino que hace referencia a la ascendencia del ser como resultado del pecado original. Por tanto, sus versos expresan la sensibilidad del hombre, pero si ahondamos en estos, podemos conjeturar que no se trata de un sujeto que la cuenta, ya que el ser desconoce su aflicción. Dicho de otra manera, la propia humanidad es la causa de sus males y del consustancial desarrollo en el que su pesar es, en definitiva, una práctica catártica que purifica y lo guía a modificar el mundo.

El ritmo de este poemario es bastante llano, y por momentos confuso, debido a la propia temática que plantea. El uso de metáforas, comparaciones y reiteraciones lo vuelven emotivo, y advierten que se dirige al mismo significado utilizando imágenes que acentúan el deslumbramiento e incitación por lo oscuro. Asimismo, en sus versos subyace un impasible deseo de aseverar los hechos en una búsqueda de la esperanza, que se logra recorriendo un camino lleno de privaciones, necesidades, dolor y sufrimiento. Al tratarse de una poesía compleja que posee un lenguaje poético intrincado, profundo y en ocasiones laberíntico, muchas veces el lector se siente confundido entre las ínsulas temáticas que plantea dentro del mismo poema, que demuestran un gran despliegue escénico de esperanza y desesperanza a la vez. Esta ambigüedad en sus textos permite la confrontación del universo con toda experiencia que se expresa en un tono trágico respecto a lo cósmico que se propaga al fatalismo subjetivo.

Al mismo tiempo, es posible decir que Figueredo desafía lo drástico y riguroso para desplegar su propia percepción en lugar de una simple sensación en la que el ser es el efecto y la causa de sus propios males. De esta manera, el Yo poético interioriza su afección aun cuando esta parece estar ajena a él y, por esa razón, no logra precisar o definir el destino inefable. Conviene subrayar que este poeta no se regocija en el planteamiento de lo vano, superficial e ilusorio, sino que esboza el presentimiento del emplazamiento de la autonomía o autodeterminación del ser en colisión con la adversidad y el hado. Así pues, él utiliza la naturaleza como escenario y metáfora viva de la experiencia humana de procurar acrisolar por vivir caído, en la que la muerte es la depuración del ser.

Mundo a la vez

En cuanto a su segundo poemario, *Mundo a la vez* (1965), es posible que el lector perciba una intención de profunda introspección y un designio de conocer y reconocer a su propio yo, utilizando como vía la escritura. Este libro posee un estilo singular y, al igual que en su primer libro, la lectura es compleja y carece de un único eje temático dentro de cada poema. Así, cada uno de ellos posee una multiplicidad temática basada en el misterio, lo irracional y lo secreto, que se debe descubrir a través de una poesía hermética, colmada de imágenes. Por otra parte, la estructura de su lírica es bastante peculiar ya que, desde su primera producción, *Desvío de una estrella* (1936), veíamos que sus versos carecen de puntuaciones y, en este, parece que Figueredo agudiza esa práctica, y pasea al lector por diversos escenarios utilizando un ritmo irregular, pero a su vez, muy intenso.

Cabe destacar que sus textos presentan una aparente irracionalidad, debido al empleo excesivo de metáforas y el propio fragmentarismo del escritor que parece desembocar en el cuestionamiento propio de él y el del lector acerca de quién es Álvaro. Si bien esta pregunta está presente en toda esta obra, parece ser retórica ya que no existe respuesta, sino que su intención, aparentemente, es dialogar con su Yo poético; en otras palabras, su propia creación es el desdoblamiento de su identidad, íntimamente ligado al existencialismo.

Como ya se había mencionado anteriormente, el poeta es consciente de la complejidad humana y de su propio devenir que lo va plasmando en escenarios representativos de su rutina y sus hábitos. Acerca de la temática de esta obra, es posible decir que gira en torno a la identidad, el cuestionamiento de esta y las contradicciones del ser en una dualidad existencial. Si bien estos son los grandes ejes temáticos, existe también un sentimiento de premonición acerca de la muerte, como también se contempla en su primer libro, pero en este el poeta presagia su propia muerte. Por otra parte, en este el lenguaje también se plantea abstracto y propio de su escritura, lo que le permite crear neologismos y mostrar un carácter introspectivo a través de la inquietud de conocerse a sí mismo. Así, el lenguaje está en función de la creación del sujeto, ya que el pensamiento racional humano está subordinado a él, es decir, no existe designio de un ser que no esté mediado por lo lingüístico.

Al mismo tiempo, su obra ofrece una óptica múltiple sobre el Yo poético, que se desenvuelve en un mundo lleno de oposiciones que lo llevan a cuestionar sobre sí mismo. Como resultado, el ser que plantea Figueredo en esta obra es cambiante y se contradice, pero a su vez es consciente de sí, de su existencia y de lo que esto conlleva, porque el poeta incita en describirlo como existente y no como una mera esencia. En consecuencia, el ser está sometido al cambio, está activo y se manifiesta en sus propias acciones.

Las revistas como principal medio de difusión cultural artística

En esta época, las revistas fueron por excelencia el medio de difusión de la actividad cultural y en especial de las novedades literarias. El período desde la década del veinte hasta la del cuarenta se recuerda como la edad de oro de la literatura ilustrada y, en especial, de la poesía. Como resultado, los mejores artistas de todas las áreas (dibujo, grabado, pintura y escritura) colaboraron a menudo con muchas de estas publicaciones para conceder la estampa propia de su creatividad. De ahí que los poemas de Álvaro Figueredo eran publicados con bastante frecuencia en apartados dedicados a la literatura; incluso, en la revista *Letras* de Pan de Azúcar hubo una publicación sobre el discurso pronunciado por Álvaro Figueredo "Cuando Pan de Azúcar fuera declarada ciudad" en el año 1961. él podemos observar el amor del poeta hacia su ciudad y su admiración por la naturaleza, ya que se detiene en cada descripción —por ejemplo: el puente Solís, el cerro como montículo de piedras— y a su vez, toda la carga simbólica —el viento, las aguas, los animales y las flores—.

Un dato no menor es la afirmación que hace el ministro sobre la poca difusión o, mejor dicho, el poco reconocimiento que ha tenido este poeta: "Por capricho de algún crítico de la llamada generación del 45 no tiene, hasta el momento, reconocimiento nacional e internacional como debería tenerlo" (Moyano, 13). Moyano se vale de una metáfora muy popular para poder expresar que Álvaro Figueredo utilizaba como herramienta muchos símbolos y metáforas, para lograr "producir una poesía llegadora al hueso" (Moyano, 13). A su vez, también afirma que el pandeazuquense posee "una correspondencia astral [...] con el peruano incomparable César Vallejo" (Moyano, 14). Con relación a la divulgación de sus escritos, dice que la mayoría de sus obras está inédita, en especial sus ensayos, ya que en 1972 se logró publicar una mínima parte de ella con los títulos: *Poesía, ABC del gallito verde, Cuentos,* nucleadas en la "Comisión Pro Edición de Obras de Álvaro".

Otro apartado de esta misma edición con el título "Revelaciones útiles para una historia literaria" escrita por el doctor Tomás Brena, comienza planteando que hasta el momento (1968) las obras del poeta pandeazuquense continuaban en las cajas de la Imprenta Nacional, siendo que el Ministerio de Cultura se había comprometido a publicarlas en dos volúmenes, pero no fue así. Brena expresa que el pueblo de Maldonado debe hacer todo lo posible para que dicha publicación se realice ya que, de esta manera, toda la república tendría la oportunidad de conocer a este escritor que, según él: "Dio valores reales, mezcla de modernismo y futurismo a la literatura americana" (Brena, 5). El doctor cuenta que le escribió una carta al poeta y este respondió a su admirador. En esta carta, escrita el 8 de julio de 1962, Figueredo le cuenta cómo escribió *Desvío de una estrella* y *Mundo a la vez*. También, habla sobre su estilística, la necesidad de ser crítico cuando uno es escritor, quiénes influyeron en su trayectoria lírica ("¡tantos!"), entre otras cosas. Un dato curioso es que el poeta dice de *Desvío de una estrella*:

> Aunque inválido estéticamente, lo definí alguna vez como un «muestrario de influencias». [...] Nació en trance dramático: mi padre se moría, yo recién casado, vivía rodeándolo. Mi padre débil y delirante soñaba con un hijo mío. Yo tenía el terrible trauma de un hijo, concebido en tal tremendo

> momento. Le ofrecí subsidiariamente ese hijo de papel. Junté poemas inconexos de tiempo atrás (Brena, 6).

Su poesía no es sencilla, puede suscitar reparos, e incluso despistar tanto al lector como al crítico, ya que él la sitúa en un contexto definido, en una línea creativa que posee antecedentes de la poesía occidental de las últimas décadas. A su vez, la lírica de este profesor surge

> del diálogo activo y reiterado entre el yo del poeta y su contorno, tomada esta palabra de su amplio sentido de «lo otro que yo», de mundo exterior, en lo que este tiene de inmediato. Ese diálogo se transluce en la poesía de Álvaro Figueredo con perfiles de acusado dramatismo [...], ese diálogo parece estar hecho muchas veces de implícitas interrogantes no respondidas, como si el poeta buceara en su propia vida y en la ajena vida del mundo, y se asentara sobre un fondo de desolación y angustia (Brena, 7).

No obstante, la producción de los poetas del centenario y los del veinte fue sentenciada e ignorada por los de la generación del 45, por lo que la generación de entreguerras fue un hito constructivo. Las imágenes difundidas y conocidas de estos escritores son de Juvenal Ortiz Saralegui, en las que mostraba desde entre los carteles publicitarios que vestían al palacio aún en construcción y de esqueleto desnudo [...] a Juana de Ibarbourou atrapada en los caireles de una araña que enjoya la recepción mientras guarda un billete de mil pesos en su cartera. A Julio Silva colocando una pluma en un sombrero y a Emilio Oribe en la cima del atalaya preanunciando en su búsqueda un Zepelín que llegara del mar. Mientras, Sabat Ercasty surca los ascensores en su paseo cósmico y Álvaro Figueredo, asomado en un balcón del piso dieciocho, vigila a su caballo que está pasando en Pan de Azúcar. Ipuche, Silva Valdés, Idelfonso Pereda y Figari también miran hacia el campo contando ombúes, mientras cantan (Barea, 29).

Lo apocalíptico

Primeramente, cabe destacar que el mito del apocalipsis se muestra latente en muchas obras de la literatura hispanoamericana en los siglos XX y XXI, principalmente en materia de la narrativa. En efecto, este hace parte de una creencia que funda su leyenda en la cultura occidental, teniendo como base la Biblia, que ha estado presente en dicha literatura. Esto ofrece los medios necesarios para poder evocar o reformular el cataclismo para los pueblos que vivieron una conquista. En el siglo XX, muchos escritores plantearon el imaginario apocalíptico y este ocupa un lugar central en el canon literario. Así, los escritores lo manifestaron de formas distintas, algunos con una finalidad optimista y otros como presagio de algo catastrófico o misterioso. Por otra parte, en lo que refiere a los estudios literarios, dichas representaciones requieren de la noción de mito que supone una serie de representaciones que se nutren de lo religioso, lo histórico y lo mítico, que debe estar provisto de un valor axiológico, pero también epistemológico.

Con respecto al contexto de la cultura occidental, que entiende al tiempo como algo lineal que tensa el principio y el final, el apocalipsis es la destrucción del orden antiguo a la vez que va a revelar la veracidad del hombre y del mundo. El término *apocalipsis* para los griegos significa "revelación", por lo que se trata de develar lo secreto u oculto, que para la concepción judaica del mesianismo está íntimamente relacionada con la idea de la proyección de un futuro en el que se determinará toda la historia. Asimismo, esta idea la va a tomar el cristianismo, que se va a desarrollar por completo entre el siglo II antes de Cristo y el siglo II después de Cristo. Finalmente, el género apocalíptico posee una revelación con diversos contenidos que corresponden a asuntos de la escatología, si hablamos de la tradición judeocristiana. En otras palabras, el mito del apocalipsis hace referencia a una revelación profética de un suceso que supone un cataclismo para todos los hombres, en el que las fuerzas del bien serán derrotadas por las fuerzas del mal. En efecto, es Dios quien destruye la pujanza para restablecer el dominio del bien, desencadenando en el fin de los tiempos. Con relación al siglo XX, en un contexto en el que los hombres han experimentado dos guerras mundiales, el apocalipsis ha influido en la conciencia de las personas, ya que dichos acontecimientos han amenazado su porvenir y este comienza a percatarse del peligro.

Por otra parte, la psicología ha confirmado que actuamos más regidos por nuestras convicciones que por nuestro saber, es decir, nos condicionan más nuestras creencias que nuestros conocimientos. La creencia se construye mediante elementos fácticos que cobran sentido cuando se articulan con relatos y símbolos que suponen imaginación y afectos que están en nuestro consciente e inconsciente. Conviene subrayar que la crítica literaria se encarga de estudiar la mediación artística que el hombre necesita para redactar sus conocimientos que, en este caso, se encarga del imaginario apocalíptico en la literatura. Por *imaginario* entendemos que es una legítima condición epistemológica que supone un conocimiento sobre la postura del hombre, la situación de la historia y del mundo. Así, este imaginario se construye no solo en cuanto al contenido, sino más bien por el modo de leer la Biblia con todas sus alegorías y sus simbolismos.

Si hablamos sobre el libro bíblico *Apocalipsis*, podemos decir que el autor fue Dios ya que se trata de una literatura inspirada por él, pero quién lo escribió fue el apóstol Juan el Evangelista (Juan el Amado). Se trata de un libro de carácter profético, que presenta una serie de revelaciones que aluden al fin del mundo. Para describir los acontecimientos que desembocan en el fin de los tiempos, utiliza diversos símbolos y metáforas propias de la Biblia.

La presencia de lo apocalíptico en la obra de Figueredo

En lo que refiere a *Desvío de una estrella,* ya se había comentado que Figueredo utiliza mucha simbología para expresar la muerte, el dolor y la finitud de la existencia humana. En su obra es posible identificar diversos símbolos que son propios o pueden estar relacionados con el mito apocalíptico, su carácter revelador y el propio fin de los tiempos. El título de su primer poemario podemos asociarlo con algunos pasajes de Biblia. Primeramente, es necesario explicar que el concepto religioso de 'estrella' tiene varias acepciones. Por ejemplo, la primera estrella que se nombra en este libro es la de Belén, que simboliza una guía, un camino a seguir. También, se nombra una estrella con mucho brillo, un lucero —Estrella del Alba— que era Lucifer, estrella (un ángel en términos bíblicos) caída o desviada del cielo. También hace referencia a los difuntos que se posicionan en el firmamento y nos cuidan desde el cielo. Si hablamos sobre las estrellas en el *Apocalipsis*, podemos ver que están presentes en varios versículos como, por ejemplo, "y las estrellas del cielo cayeron sobre la tierra, como la higuera deja caer sus higos cuando es sacudida por un fuerte viento" (Apocalipsis 6.13). Las estrellas vuelven a aparecer más adelante: "El tercer ángel tocó la trompeta, y cayó del cielo una gran estrella, ardiendo como una antorcha, y cayó sobre la tercera parte de los ríos, y sobre las fuentes de las aguas [...] y muchos hombres murieron a causa de esas aguas, porque se hicieron amargas" (Apocalipsis 6.13-14). Por tanto, a partir del contenido mismo de la obra se podría interpretar el título de su primer poemario como la guía que se ha desviado de su sendero y ha provocado catástrofes en la tierra, en el sentido de originar separaciones, miserias, muertes y devastación.

En la obra de Figueredo se puede percibir a partir de su sintaxis y su léxico una matriz bíblica que tensa entre el *Génesis* y el *Apocalipsis*; si bien no está contextualizada específicamente, es posible reconocer sus símbolos. En efecto, la poesía proporciona los ecos y la interrogante relacionada a la metafísica de parte de un sujeto propio de la modernidad. La voz poética de la obra de Álvaro Figueredo plantea en algunos de sus textos la esperanza, pero en su mayoría el desconcierto impregnado de intertexto bíblico, en especial sobre el imaginario apocalíptico y su carácter revelador. Este mito se inserta en el texto literario a través de la reproducción de palabras y la producción de reglas a partir de la rotura del relato original y la implantación del nuevo contexto. Esa concurrencia intertextual requiere del lector, ya que es él quien deberá relacionar ambos contextos haciendo que la transferencia intertextual permita la vigencia del mito bíblico.

Una vida sombría que busca la luz: "Canto a la amarga memoria"

Ya desde el título de este poema podemos percibir que se trata de rememorar un pasado en el que predominan las reminiscencias oscuras, funestas y los infortunios. Así, la temática que se va desarrollando en los versos es el recuerdo de una vida efímera, sufrida, llena de miserias y carencias. El Yo poético plantea en la primera estrofa una enumeración de elementos e imágenes yuxtapuestas de lo que él sabe que existe:

> Sé que existen las lilas, la Cruz del Sur, los puentes,
> el espíritu, amigos, y la voz que lo nombra,
> y estos huesos sufrientes y fantásticos, y esta
> memoria, y esta hiedra de sangre, y la esperanza.
> Sé que todo se enciende en nuestra sed, que todo
> se define en la trágica fuerza de nuestro grito.
> Sé que hay madres sin lilas y mineros sin cielo,
> sé que en los puentes llora la soledad del trigo,
> que el espíritu sufre la inmemorial ceniza,
> que los huesos un día serán luz de los pobres,
> serán suyos y alegres, -paz de los girasoles-.

Si observamos con detenimiento la sintaxis planteada por el poeta, podemos ver que los primeros versos tratan sobre elementos de carácter natural o espiritual que se enumeran en un tono sereno mediante el uso de la coma. En cambio, ya en el tercer verso comienza a nombrar imágenes oscuras que se relacionan con el dolor, la muerte y la miseria, en la que se vale del polisíndeton para que el tono sea más grave al leerlo. La tonalidad melancólica de esta estrofa comienza cuando la voz poética afirma las ausencias de los elementos nombrados al principio como existentes: "las lilas", "las estrellas", "los puentes", "el espíritu" y "los huesos sufrientes". Plantea que existen las flores, pero sabe que hay madres que no las tienen, al igual que las estrellas, como símbolo de luz no llega a todos por igual porque los mineros carecen de cielo. Los puentes simbolizan el nexo, un punto de conexión, pero están cubiertos de llanto y soledad porque no son usados. Parece ser que no hay conexión entre esta vida amarga y algo mejor, como si de alguna manera el espíritu terminara siendo solamente "la inmemorial ceniza". A su vez, aquellos huesos sufrientes que un día fueron el sostén de la carne y el refugio del alma después de la muerte serán luz. Esto se puede interpretar como el sufrimiento del hombre en la vida que tendrá su recompensa tras la muerte, porque dejarán de sufrir para ser la luz de "los pobres". Pobre no solo en el sentido de riqueza material, sino pobres de espíritu, pobres por la condición en la que deben vivir para luego poder tener luz.

Segunda estrofa:

> Si esta voz se quebrara como un tallo de lluvia,
> otra voz llegaría en las manos del Plata;
> si estos ojos tomaran el color de la brisa,
> otros ojos verían el metal de la angustia;
> si estos huesos se hicieran danza fácil en el aire,
> camaradas ¡qué amargo se haría el pan del almuerzo!
> Si mi voz, si mis ojos, si mis huesos callaran,
> ¿qué raíz me diría hasta el fin del silencio,
> que otra estrella giraba sin jornales de lágrimas?

En efecto, parece que el tema bíblico es central en este texto, en el que se plantea una búsqueda constante de lo que se le niega y en el que el hombre vive la caída como si de alguna manera fuera búsqueda de purificación. La dualidad del ser está latente en estos versos como si el hombre sintiera que es combatido entre dos fuerzas opuestas o dos sustancias que jamás estarían conciliadas, porque conjurar con el mal, en definitiva, es identificarse con él. Asimismo, la naturaleza planteada no lo aleja del mundo, por el contrario, parece situarlo en el ámbito de la epifanía que expresa la lucha y la muerte.

Por otra parte, en la segunda estrofa la importancia no se centra en los elementos naturales y espirituales, sino que el foco aquí es el ser. No se da por vencido, aunque su voz no pueda hablar, sus ojos estén empañados, si sus huesos se esfumaran por el aire, porque siempre habrá otro camino. En definitiva, aquí el tono continúa siendo melancólico, pero hay una plenitud, está presente la regeneración de la vida que puede renacer o eternizarse. La voz poética plantea que, ante todo, se debe buscar la fuerza necesaria para hacerse escuchar, porque si no la vida misma —y no el pan del almuerzo— sería amarga porque, al final del camino, la vida no es otra cosa que "el fin del silencio".

En la tercera estrofa del poema el Yo poético vuelve al tono afirmativo, asegurando que existen el hambre y la angustia. Un detalle importante es que "tres ángeles anudaron el río"; esto le brinda un carácter mítico a la lírica ya que puede ser asociado al mensaje de los tres ángeles que plantea el *Apocalipsis*. El mensaje de los tres ángeles está presente en *Apocalipsis* 14.6-12, cada uno de ellos reveló cosas distintas. El primero dio el mensaje de la inminente segunda venida de Jesús; el segundo "Ha caído, ha caído Babilonia, la gran ciudad, porque ha hecho beber a todas las naciones del vino del furor de su fornicación", que puede ser interpretado como una nueva Babilonia que se convertirá en el centro de un imperio que será gobernado por el anticristo. Esto se desencadenará en que ejerza su influencia sobre las demás naciones y las corrompa, haciendo que estas se enfrenten a Dios, lo que le generará su propia caída. El tercer ángel anuncia la terrible condenación que sufrirán aquellos que adoren a la Bestia, que se hará mediante un severo juicio que los llevará a un tormento eterno. En este texto, los ángeles paralizan los sueños de la humanidad. No dice por qué lo hacen, pero sabiendo el mensaje que cada uno de ellos revelaba, la metáfora que cierra el poema engloba la idea del juicio: "y la pena se esparce como flor de los cardos".

Si bien el poema plantea lo efímero de la vida y lo angustiante que esta puede ser, en especial por cómo finaliza, podemos ver que la palabra *esperanza* aparece en sus primeros versos cuando se refiere a la existencia y no a la ausencia. Figueredo presenta de forma sutil una lúgubre simbología en su lírica que plantea que el dominio de las fuerzas del mal, la injusticia social, la violencia y la muerte están presentes. Deja claro que la humanidad sufre la opresión de los más poderosos y que la historia de la humanidad puede escribirse con nuestra sangre, pero, en el fondo, existe una esperanza de que todo se vuelva a crear, aunque la pena se esparza. A pesar de todo este planteamiento oscuro, cruel y calamitoso, el poema no expresa quejumbre alguna porque su tono, su lenguaje, la simbología y el juego de antítesis le dan más bien una tonalidad luminosa que se aproxima al deslumbramiento. El poeta permite la subsistencia del mito de forma descontextualizada con relación al relato original, en el que toma un papel de elemento significativo del texto para lograr una actividad creadora mitopoética.

El óbito que disgrega los cuerpos: "Canción del apartadero"

El título del poema ya indica que se trata de una separación porque utiliza el término *apartadero* para expresar un camino que se bifurca y separa. Por tanto, el tema central de este poema es el desprendimiento de dos almas que se aprecian, pero no de forma carnal sino amistosa. Para expresar dicha temática, la voz poética comienza con un tono melancólico y apesadumbrado en el que plantea metafóricamente que la "voz se hiela", como si de alguna manera las palabras estuvieran atrapadas y, en el caso de que puedan salir, se quebrarán por el hielo. El amor, por otra parte, parece sin querer, como algo remoto y poco común en el mundo por lo que utiliza a la naturaleza para plantear la proeza de amar, como si fuera una planta que crece en un ambiente poco fértil: "y el amor crece a duras penas como entre piedras". La voz poética hace referencia a un fuego que quema las sombras, como si se tratara de la segunda muerte planteada en el *Apocalipsis,* que es a través de este. Cabe destacar que el fuego tiene una simbología importante en toda la *Biblia* como elemento destructivo, pero también como purificador. Así en *Marcos* es nombrado como fuego inextinguible, como castigo a aquel que se atreva a pecar (Marcos 9.43-48). Si bien el fuego es eterno para el diablo y sus ángeles (Mateo 25.41) en este poema está "asombrado", como carente de luz, pero también es pureza porque se dirige a "la puerta última", es decir, a la muerte.

Un detalle importante de la simbología apocalíptica planteada por Figueredo es que habla sobre un río que permitirá que las brasas sean el motor de una "nueva memoria", como si se tratara de un renacer espiritual. Esto puede ser interpretado con un pasaje apocalíptico que expresa que todo aquel que no esté en el libro de la vida, será lanzado al fuego (Apocalipsis 20.15).

Si bien los versos son lúgubres por el contenido, la esperanza de la salvación y purificación parecen estar presentes de forma sutil. La separación de dos posibles amigos ocasionada por la muerte —"la puerta última"— parece no acabar en ese lago de fuego que castiga, sino que la brasa será el renacer del espíritu. El río que purifica también está presente en el *Apocalipsis* como "río de agua viva" en el que no "habrá nada maldito" y no existirá la oscuridad (Apocalipsis 22). Por consiguiente, podemos decir que lo religioso es para el poeta una manera de ver la historia de la humanidad como la proyección del alma a través de una resurrección física que se da por la voluntad de superación del ser expresada en los siguientes versos: "Pero hondas criaturas trepan entre purísimas /columnas: fuertes coros que el júbilo aproxima". Las columnas en el *Apocalipsis* simbolizan el premio, la victoria de aquel que ha obrado bien: "Al vencedor le haré una columna en el templo de mi Dios, y nunca más saldrá de allí" (Apocalipsis 3.12), como si se tratara de una batalla en la que la transformación del mundo permite la renovación del espíritu y predice el advenimiento de algo bueno para la humanidad: "Entre sus manos nace el alba, redimida". El alba en su poesía simboliza una trascendencia en la que se logra, a través de un lenguaje bíblico, la luz que consagra a los seres; la suerte de iluminación ante la invidente existencia misma a pesar de que esto ocurra en un escenario prácticamente dantesco. Cuando la voz poética expresa: "Entre nuestras orillas gime el agua del mundo", al igual que cuando hace referencia a "las criaturas próximas al río de su fiesta", podemos recordar el mito griego del Aqueronte o su paso en la obra de Dante, que el mito apocalíptico lo asocia con la llegada de la bestia y el mundo adorándola. Dicha perspicacia no es otra cosa que despojarse de sí mismo a través de la experiencia idealizada de lo que vendrá, a través de la interpretación del lenguaje bíblico.

El yo poético expresa que sus recuerdos anticipan la muerte del destinatario de estos versos, haciendo que la ausencia sensibilice todo, incluso la memoria. El recuerdo toma sentido de omnipresente porque no es una simple concertación retentiva, porque a través de la memoria es que se dispone del pasado, dándole importancia como si estuviera siendo actual. Hay una susceptibilidad al paso del tiempo y a la fugacidad de la vida que finaliza, al menos, en la redención del ser a través de la luz, como si este haya logrado al fin la paz: "y tu sangre vigila el crepúsculo".

No hay un adiós físico planteado en este poema, pero sí un amigo que habla con el alma del que se fue, ya que se ha perdido todo tipo de unión corpórea porque "apenas si nos une un roce o un murmullo, / [...] que, cegados los párpados, se alcanzan entre el humo". Podemos ver que a lo largo del poema la memoria no es una simple sugestión nostálgica, sino que es la permanencia de ese ser; porque a pesar de esas pequeñas partículas dispersas en el aire, de igual forma se alcanzan. No se puede negar que la muerte está planteada como algo inevitable y funesto, pero lo que exaspera es que el ser está condenado a una vida de privaciones y su única superación o, mejor dicho, su trascendencia es a través de esta.

En la última estrofa, la voz poética plantea las ausencias a través de metáforas. La muerte se lleva consigo las mejores y más simples cosas del ser, y les corta las alas a los sueños. Un detalle no menos importante es que en este poema nuevamente aparece la idea del pan como alimento del espíritu, ya que está asociado con la luz: "ni como el pan de ayer, sobre la mesa alumbra". Este sostén se convierte en el propio desamparo que la muerte transforma en la pérdida del goce del alimento. Entre las palabras del Yo poético y su destinatario —amigo— "hay un muro de angustias", lo que se plantea con gran sentimiento de pesadumbre y congoja. Pero el verso que finaliza el poema contiene la idea central del poema: "pero el mundo nos lleva hacia su puerta última...". La vida está planteada como un camino desde el título del poema: "apartadero"; es como si se tratara de un camino por más desvíos, vueltas o giros que dé, el final siempre es el mismo. La puerta última es metáfora de la propia muerte, y no es extraño que el poeta asocie lo que ocurre tras la muerte con una puerta ya que en muchas obras literarias está presente esta idea.

Figueredo finaliza el poema con un verso de alto contenido de lenguaje bíblico ya que, en muchos pasajes de la Biblia la puerta de la muerte, por ejemplo, en Job, Isaías, Mateo y en varios Salmos. En definitiva, el poeta ve el sufrimiento como una realidad apocalíptica a través la irrupción desenfrenada de un mal que rompe con los sentidos, con el propio ser y brinda dolor a la humanidad por el duelo y su desconsuelo.

La severidad del fin: "Canto al más puro mar"

Por otra parte, en el poema "Canto al más puro mar" podemos ver que la temática es similar a los dos poemas ya citados. En este predomina el tono lúgubre que va a plantear a través de un lenguaje metafórico y apocalíptico lo funesto y lúgubre; la muerte que nos arrebata la vida de forma agresiva y sin piedad. El escenario de este texto es también la naturaleza lóbrega en la que el mar, como ya lo señala el título, es el marco principal para el desarrollo del planteamiento. Si bien se podría asociar la pureza del mar con sus tonalidades de transparente o en la gama del color azul, en este texto se trata de un "rojo mar", lo que le da mayor importancia al matiz porque el adjetivo antepone al sustantivo. Un detalle no menos importante es que este comienza con la interjección "Oh", que expresa mejor el sentimiento que transmite ese mar. Se trata de un escenario que está en "ristre", es decir, no se trata de un mar que transmite paz, sino de un ambiente desconfiado, que está esperando para atacar cuando sea necesario. Al tratarse de un objeto que los caballeros utilizaban para afilar las lanzas en las batallas, podemos deducir desde el primer verso que el Yo poético describe un ambiente bélico, de contienda y violencia. Luego delinea a ese mar como si se tratara de los días de tormenta, en el que su fuerza y su ímpetu vuelven al hombre temeroso y chiquito ante él: "¡Qué aguas altas y fuertes te arrancas desde el seno trágico y desvelado!". Las aguas están calificadas como "altas" y "fuertes", que son capaces de quitar con esa violencia lo que sea, pero en este caso se trata de "arduas muertes" y "ciudades negras". Poco a poco el poeta utiliza una gama de colores para poder plantear un escenario lúgubre, con muertes y ciudades oscuras que transmiten recelo, temor y espanto a través de la descripción que hace sobre las ciudades oscuras, intranquilas e impuras.

Ese mar rojo presenta otra tonalidad relacionada con ese matiz, que es el naranja oscuro, ya que este a su vez está "oxidado", como todo aquello que está en contacto con el mar, el salitre, dejando esa sensación de algo que está descuidado, pero está así "sobre las llanuras donde la sangre llora". Es necesario personificar la sangre para expresar el dolor de las almas que ya no tienen sangre, ni siquiera voz. En efecto, es imprescindible considerar cada detalle en la escritura de Figueredo, porque todos son importantes y forman el sentido total del texto. Uno de ellos es la invocación que el Yo poético hace: "Oh, joven mar airado". Que el mar sea joven no es un detalle menor, porque simboliza la juventud desenfrenada, muchas veces colérica sin tener motivo aparente y que no tiene consideración por otra cosa que no sea él mismo: "emergiendo entre acacias o mausoleos, duras tus ruedas inmortales". Este texto deja en evidencia que el poeta sentía una gran admiración por el mar y por eso plantea paralelismos y antítesis entre su poder, tamaño, fuerza e inmortalidad con el simple hombre mortal.

El mar es un símbolo polisémico dentro de la literatura, pero aquí se lo puede relacionar con la vida por su mutabilidad e inestabilidad, ya que nos recuerda los eventos y emociones humanas, al igual que la repetitividad de las olas que son y no son la misma representan claramente situaciones que se reiteran en nuestra vida. El agua siempre está asociada con el origen de la vida porque todo sale y vuelve a él, es decir, es el lugar donde nace, se transforma y se renace; si hablamos sobre su profundidad, nos remite a aquella idea medieval que incluso hoy en día es asociada en el arte con el mar como lugar en el que albergamos las emociones y nuestros sentimientos. Recordemos que se trata de un mar rojo, que descuida a una estrella que está oxidada y arranca con violencia los cadáveres de adentro. Se trata de un mar tormentoso que demuestra la correspondencia entre él y el corazón del hombre como símbolo de la pasión humana. Por otra parte, el mar ha sido durante muchos años escenario de hazañas épicas, de batallas y viajes desafiantes, en los que muchas veces se lograba una gran victoria, pero siempre se perdían hombres. Claro está que lo sepulcral está presente en este poema no solo por los colores sino por los sustantivos: "mausoleos", "huesos" y "cabezas", que son acompañados de calificativos sombríos. Los huesos son "sin paz", se trata de personas que no tuvieron derecho a un enterramiento ni a que se cumplan los ritos fúnebres, por lo que —en el imaginario colectivo de algunas culturas— el cuerpo que no se despide de los seres queridos ni es enterrado debidamente no logra la paz jamás. Vuelve a enfatizar esta idea con otra expresión, ya que se trata de "cabezas enmohecidas" que permanecen sin luz debajo del agua, por lo que se forma ese moho que ayuda en la descomposición de la materia.

En lo que refiere al momento del día planteado en este poema, también es la noche. El uso del lenguaje poético de Figueredo marca el tono y el mensaje que la voz poética desea trasmitir, pero siempre dejando una brecha entre lo que se dice y lo que el lector interpreta, gracias a la paleta de colores y los adjetivos muy bien señalados. A su vez, este lenguaje exige un lector activo, es decir, un lector crítico, atento, que pueda leer entrelíneas y juzgar por sí mismo la validez de la poesía. La noche en sus obras puede ser el telón de una pasión, de una revelación, de reproche y muerte. En este texto toma forma de "puñal de firmeza" en un ambiente, como ya se mencionó: "rojo mar en ristre" y "airado" que tiene música en sus "entrañas". Claramente, Figueredo animaliza o humaniza este mar para poder demostrar la fuerza destructiva que posee y, por la misma razón, se nombran varios elementos bélicos en relación con el mar que transmiten esa idea de violencia: "ristre", "puñal", "martillo" y "hoces". Otro detalle significativo son los adjetivos que hacen referencia a las acciones de este mar, los que acompañan esa personificación del sustantivo: "altas", "fuertes", "trágico", "desvelado", "arduo" e "impuras".

Al mismo tiempo, la voz es la encargada de expresar lo que las almas atrapadas durante toda la historia no pueden contar. Para esto utiliza una metáfora: "Las palabras eternas, en sus fundas se hielan", como si de alguna manera esas palabras estuvieran encerradas en ese "centro dramático de [...] entrañas" (funda); en cambio, son las rosas las que gritan desvelando los caminos. Así, las rosas parecen estar relacionadas con el secreto y el sigilo, es decir, como algo que no puede ser transmitido, por eso se la personifica gritando hallazgos. A su vez, estas flores también tienen una simbología que está ligada al imaginario colectivo en relación con lo espiritual, sobre la regeneración, la inmortalidad y la resurrección; si bien estamos hablando sobre cuerpos y almas debajo del mar que han sido calladas, de alguna manera son inmortales al recordarlas, como expresaba Manrique.

Vuelven a aparecer las rosas, pero esta vez en un sueño del Yo poético, en el que unas niñas cortan racimos, pero lo hacen "entre espejos". Los espejos no son un detalle menor, porque representan el autoconocimiento y el encuentro con la propia identidad, pero también deforman o distorsionan la realidad. Los espejos también están presentes en la Biblia, en la que se compara el ser descubierto con espejos, porque cuando lo miramos estamos reflejando la gloria de Dios (Corintios 3.18). Sabido es que este poeta trataba de plantear determinados postulados de filosofías existencialistas, dialogar con el Yo y la importancia del autorreconocimiento y la autocrítica.

Por otra parte, ese mar bélico al final un termina siendo "dulce mar", que el escritor pinta a través de una antítesis, ya que aquel que en un principio fue "mar airado" que tenía el poder de destruir, hacer llorar y oxidar ahora es dulce. Así, en la séptima estrofa del poema podemos observar que hay un cambio a través de las palabras de un Yo poético que se dirige (como desde el inicio del poema) a un mar que parece no tenerlo en cuenta: "Oh, dulce mar, yo debo invocarte de lejos/ porque vengo contigo, y soy tu rosa abierta, / y tu can impaciente que persigue los viejos /signos". Sabido es que, desde la Antigüedad, el mar ha sido un lugar terrorífico, pero, a la vez, un lugar de fascinación que ha engendrado diversas aventuras, deseos e incluso sueños. Está presente en la historia del propio universo desde sus inicios, en la literatura y también en nosotros, ya que también estamos hechos de agua, lo que significa que representa la profundidad impenetrable y el abismo. Por tanto, se dirige al mar tratándolo de benévolo o caritativo al utilizar ese adjetivo, pero, en realidad, parece ser su cómplice porque él es su "rosa abierta" y viene con él.

Al igual que el mar, la rosa también es citada y cultivada en la Biblia desde tiempos muy antiguos; ella existe desde los comienzos y, por esta razón, el Yo poético parece estar haciendo referencia a una iconografía cristiana, porque su alma también lo acompaña, pero "desde lejos", lo persigue tratando de descifrar sus signos, pero de manera sigilosa y estática. Parece que, de alguna manera, está desafiándolo e imponiéndose sobre este medio hostil y extraño que, por esa razón, se vuelve más fuerte. Pero no lo hace a través de una confrontación, sino que utiliza el afecto, la ternura y hasta la sumisión al compararse con su "can impaciente" que hasta logra entablar una amistad con él: "¿Acaso, ves, amigo, cómo caen las voces?".

La voz vuelve a pintar al mar como elemento destructivo al que debemos someternos: "ni tallo de forzada/ voluntad quien las trae al filo de las hoces". Debemos recordar que Homero ya había planteado al mar como padre de todas las fuentes y que él con sus peligros se parecen a las lecciones de vida que plasma en la Odisea, ya que Ulises está destinado a andar errante en este escenario porque así lo quieren los dioses. No obstante, Figueredo plantea ese carácter dramático que le confiere dimensiones metafísicas que, gracias a la personificación del mar, adquiere textura y actitud a la vez que el hombre entra en conflicto con la naturaleza. La humanidad parece tener que luchar por sobrevivir alejándose de los rencores propios del ser, para poder así estar en relación con el mar, porque la naturaleza tiene fuerza y poder. Sin embargo, el mar termina siendo previsible cuando se analiza sus movimientos y de esto se afianza y aferra el poeta, que descubre su condición y la profundidad que entra en semejanza con el alma. Las voces caen "al filo de las hoces", destruyéndose en un ponto de elementos destructivos que sirven justamente para cortar a las "rosas abiertas" que intentan penetrarlo. De alguna manera, este es benévolo y fecundo y se relaciona con las espinas de las rosas, por esa razón se defiende con una actitud protervia y belicosa que el poeta estiliza en sus versos.

Pero el Yo poético sabe que la intención de las rosas que terminan siendo cortadas son, en definitiva, poder estar en contacto con él y apreciarlo como se merece: "Es esta sed inmensa por el amor hollada". El poema finaliza con este verso solo que está apartado de las demás estrofas, porque en medio de un escenario tan aterrador, apesadumbrado e infausto, predomina el amor. No se trata de cualquier tipo de amor, sino del que es sumiso, sometido y humillado, porque de alguna manera la voz poética se siente inferior ante tanta grandeza y poder del mar, y lo único que quiere de él es lograr su afección, ya que cree que está anejo a él.

Cabe destacar que el poeta no canta a la muerte sino como resurrección, porque la humanidad vive entre tinieblas y oscuridad y espera lograr la luz al final del camino, como lo expresa en los siguientes versos: "que persigue los viejos/ signos, las viejas dudas, las doradas compuertas". El lenguaje apocalíptico nuevamente aparece en la poesía de Figueredo, ya que este libro bíblico plantea una ciudad en la que todo será de oro, Dios iluminará a la humanidad y todo será resplandeciente. Es en este lugar en el que pretende lograr descifrar los "viejos signos", "las viejas dudas", "los averiados nombres y las verdades yertas", es decir, después de la muerte el hombre tendrá todas las respuestas.

De alguna manera, la penuria de la vida y luego la deposición del cuerpo provoca en el ser un dolor que trastoca y se introduce en su conciencia. De esta manera, el poeta insinúa una autocontemplación del hombre mientras busca la calma en la muerte, porque su presentimiento es que esta lo hará renacer o liberarse. La adversidad, el sufrimiento y la confrontación con sus propios límites no lo paralizan, sino que se acentúa la voluntad de conocerse a sí mismo; aunque sea después de esta vida, él podrá hacer que todo recobre sentido. Así, la eternidad será una vida plena y la propia trascendencia, es decir, la caída es la purificación del ser que anhela el amor, como lo expresa el cierre del poema: "Esta sed inmensa por el amor hollada".

Conclusiones

Desvío de una estrella está compuesto por tan solo nueve poemas, que en su mayoría tratan sobre la muerte o temas que se relacionan con esta, en el que se utiliza un lenguaje apocalíptico a través de la naturaleza y sus fenómenos meteorológicos para darle un sentido poético. Su segundo poemario, *Mundo a la vez*, también está repleto de poemas que tienen su presencia personificada o animada, ya sea como escenario o como personaje. Cabe destacar que en algunas ocasiones Figueredo plantea lo natural como un lugar desconocido que es capaz de refugiar en su profundo interior la imagen de lo inconsciente del ser, es decir, todas las conductas que se desenvuelven por motivaciones inesperadas o imprevisibles y, en otros textos, plantea la naturaleza como un ser destructor, que funciona como una especie de proscenio para abordar temas oscuros y otros relacionados con la muerte.

También es posible ver que en alguno de sus poemas el hombre aparece como una amenaza para la naturaleza (como verdugo), en otros, plantea la idea de una naturaleza idealizada en la que se la valora en detrimento de lo artífice, ya que defiende su estado místico e indemne (esta es la madre de todas las cosas). En lo que refiere a la naturaleza como elemento dentro de la literatura, muchas veces está asociada al mito del "buen salvaje" del filósofo suizo Jean-Jacques Rousseau, porque busca una posible armonía entre el hombre primitivo con ella, condenando así al hombre civilizado que es responsable de su devastación.

En términos más poéticos, se podría decir que la naturaleza se convierte en paisaje, es un reflejo de lo que somos en cuanto a anhelos, deseos, miedos, melancolías; es el espíritu humano. Así, la naturaleza deja de ser simple ornamento para ser un concepto que se lo interpreta de forma personal y subjetiva, convirtiéndose en una temática muy importante en las obras literarias. Por otra parte, muchos escritores le encuentran un sentido espiritual, capaz de poder interpretar emociones humanas a través del paisaje.

En la poesía del poeta pandeazuquense vemos que la naturaleza expresa esto justamente a través de las descripciones que utiliza, los recursos estilísticos de los que se vale y el uso de una amplia gama de colores. Esto es lo que define no solo el estado anímico del Yo poético, sino también la temática luminosa o la oscuridad de su poesía. Figueredo, al igual que otros poetas, plantea la integración y la semejanza entre el hombre y la naturaleza a través de un significado metafórico en la mezcla de elementos que, en muchas ocasiones, muestra la existencia de una reciprocidad entre la naturaleza y el ánimo, el alma y la mente del hombre. En efecto, el poeta valora el paisaje natural no solo expresando de forma subjetiva su admiración hacia su ciudad natal y los balnearios vecinos, sino que, para él, este sugiere una identidad cultural. Las descripciones que él plantea en sus obras reflejan la trascendencia del tiempo, porque las calles, casas, edificios, árboles y plantas de la localidad mantienen vestigios de un pasado.

Finalizando este estudio, y a modo de síntesis, Figueredo era un gran poeta, pero ante todo era un crítico severo que revisaba, volvía a leer sus escritos y anotaciones examinando con detalle cada escrito y "no toleraba las sombras del mal vestido poema" (Brena, 7). Quizás por esta razón mucho de sus escritos se hayan extraviado. Fue un creador solitario, fiel a su concepto propio de estética, sin caer jamás en la moda frívola o en el falso diálogo, logrando que su poesía inquiete al lector a la vez de que permite una infinidad de interpretaciones a todos esos signos originales e inauditos. En efecto, el poeta representa a través del misterio y la belleza una naturaleza que advierte diversos ítems regionales relacionados con su entorno, y el lector puede percibir que los elementos utilizados en la lírica expresan su admiración por lo terrestre.

Al mismo tiempo, sus obras exigen que el lector vaya más allá de lo real, de lo tangible para poder entregarse plenamente a la simbología para ver el sentido, la existencia y la realidad del ser desde el punto de vista discursivo de este escritor, pero sin perder el sentido crítico propio; es decir, se debe establecer una comunicación entre el texto y el receptor.

En cuanto a los recursos estilísticos, los sustantivos relacionados al paisaje y los adjetivos que están en función de su descripción, podemos decir que Figueredo los mancomuna, asocia y organiza de forma idónea para crear un marco en función de una temática propia. Así, va tiñendo de subjetivismo a una voz lírica de índole lógico, moral y en ocasiones metafísico gracias al uso de distintas tonalidades que funcionan como marco natural e incluso una vegetación aborigen que muchas veces desempeña el papel de destinatario lírico. Fue un fiel admirador de la naturaleza en todos sus estados, en todas las fases del día y estaciones del año y trató de plasmar cada una de ellas como contexto de una temática que siempre iba acorde con el paisaje. En efecto, la noche puede ser partícipe o cómplice de una historia de amor, pero también, en un día de tormenta puede servir de escenario para duras revelaciones e introspección. Por otra parte, Figueredo plantea al mar como un escenario natural que es testigo de la suerte del hombre y todo lo que esto conlleva; podemos percibir su admiración y veneración hacia él. El poeta lo muestra en sus dos grandes facetas, la calma, azul y agradable para idealizar un momento apacible y amoroso, pero también está el mar de tormenta, contaminado y peligroso que plantea un escenario infausto. Sin duda, se trata de una poesía original que siembra dudas y hace que nos cuestionemos acerca de lo finito que somos y lo ilimitable o incalculable que es nuestra naturaleza.

Esta lírica mayestática y profunda posee la idea de una eternidad que se confunde con una vida completa en todos sus aspectos y la propia trascendencia. En sus textos plantea a la muerte como una experiencia de purificación en la que el hombre vence para llegar a otra realidad en la que no existe el tiempo y el espacio. En su poemario el poeta propone un orden en el que la verdad se termina enfrentando con la fatalidad a través del imaginario que evocan sus versos. Así, la experiencia de la voz poética se apoya en los recuerdos, es decir, en recuperar dichas memorias para poder habitar en el mundo. De esta manera, Figueredo parece plantear una visión de un nuevo reino, un nuevo comienzo en el que los desfavorecidos harán posible el advenimiento del cambio. El mito apocalíptico se presta para el planteamiento de una visión sentimental de un desenlace fatal en el que el dolor no está sujeto al ser porque esta hace parte de su propia naturaleza y de su origen. Por esta razón, la poesía del pandeazuquense concientiza acerca de los acontecimientos catastróficos que vendrán, transmitiendo el sufrimiento a través de la palabra que expresa lo trágico y la desesperanza. No obstante, Figueredo describe un supuesto final de los tiempos valiéndose de la simbología bíblica que requiere de un lector crítico que tendrá el cometido de relacionarlo con su contexto. Si bien la esperanza está presente en algunos de sus poemas, el destemple y la preocupación se hacen presentes en el planteamiento revelador de carácter apocalíptico que utiliza.

Sabiendo que *Desvío de una estrella* se origina en "un trance dramático" cuando el padre del escritor estaba muriéndose, podemos deducir que el carácter críptico y lóbrego toma sentido. La muerte estaba rondando la vida del poeta y ante esta situación desesperanzadora decide crear un poemario que plantea la muerte, la separación corpórea y el adiós a través de un lenguaje cargado de simbolismos. De esta manera, el tema bíblico se vuelve central en dicho contexto para poder plantear la búsqueda de la purificación o redención del alma de un hombre que lucha por alcanzar la paz en otro plano.

El tono melancólico del poemario al plantear que el destino del hombre es "la puerta última" no es otra cosa que el dolor de decirle adiós a un ser querido. A pesar de que la muerte trae consigo una separación física que es inevitable, el poeta asimismo plantea una esperanza de la salvación e incluso, a pesar de que se encuentran en distintos plantos, cabe la posibilidad de un contacto espiritual. Así pues, la permanencia del ser después de la muerte se da a través de la memoria, del recuerdo de un pasado que lo transmuta volviéndolo perpetuo, eterno e inmortal.

Apunte autobiográfico

Desde hace muchos años escucho una historia familiar sobre un docente de literatura del liceo de Pan de Azúcar que incentivaba a la creación literaria y a la observación de la naturaleza. Mi padre siempre hizo alusión a su profesor de literatura como un referente, como un hombre que se dedicaba a la docencia de manera vocacional y que transmitía el amor que sentía por la literatura a través de sus lecturas, sus expresiones y ejemplos. Su transposición didáctica siempre apuntó a ver más allá de lo que realmente dice la obra, es decir, tratar de ver lo oculto, lo misterioso desde una opinión crítica. Las personas que lo conocían, y me refiero particularmente a sus estudiantes de literatura del liceo de Pan de Azúcar, lo recuerdan como un hombre muy observador de todo lo que le rodeaba, e incentivaba a los jóvenes a ver más allá de lo que ven. En muchas ocasiones les preguntaba algún detalle de un árbol que estaba cerca de la institución, sobre un grafiti en un muro que estaba en el barrio donde vivía algún estudiante o de qué color estaba el agua del mar ese día. Sus estudiantes dicen que muchas veces mandaba como tarea crear determinados tropos literarios utilizando a la naturaleza como sujeto o como escenario y le señalaba a cada uno algo natural que estuviera en su entorno. Por ejemplo, a los que vivían en el Pueblo Obrero les sugería las flores que había traído Piria, que terminaron pintando de amarillo los campos de la ruta 37; a los que vivían en Piriápolis, sobre los cerros o el mar y a los de Pan de Azúcar, sobre la vegetación, las aves o el arroyo.

Mientras trabajaba en esta investigación, mi padre me comentó que escribieron algunas anécdotas de cómo daba clases, cómo leía, los recuerdos sobre las obras que trabajaron con él y, en especial, las tareas y las pruebas que ponía este señor. Hoy en día, con el conocimiento que tengo sobre pedagogía y didáctica pude ver, mientras lo escuchaba revivir su adolescencia con nostalgia, cariño y en especial mucho respeto por Álvaro Figueredo, que este señor, más allá de haber sido un buen escritor y docente, también fue un pionero de la creación literaria y la investigación. Llevaba a sus clases cuentos de su creación propia para poner como ejemplo de algún tema u obra que se estuviera trabajando y muchas veces cortaba una obra en su clímax para que sus estudiantes crearan el final. Se dice que muchas veces hacía competencia de escritura entre los estudiantes y premiaba no solo con la nota sino con alguna otra atención que traía de su casa. La motivación que generaba en los jóvenes por la escritura fue tal que hizo que mi padre, teniendo 15 años, más allá de haber escrito los poemas que Figueredo ponía como tarea, terminara comprando un cuaderno exclusivamente para crear lírica, el que muchas veces mostraba a su profesor, quien le hacía determinadas sugerencias como si fuera un crítico literario o incluso un mecenas, alentando su escritura.

En muchas ocasiones les contaba a sus alumnos historias sobre Piria, mitos que permanecían en el imaginario colectivo sobre cosas relacionadas con la alquimia, con la fortuna del fundador de Piriápolis, historias misteriosas de embrujo de su castillo y la famosa historia de “La zanja del encanto”. Esta lleva ese nombre porque en tiempos de Piria las personas desaparecían misteriosamente en una zanja que está entre Pan de Azúcar y Piriápolis. Sin embargo, se trataba de algo más despiadado, porque era Piria quien mandaba a matar a todas aquellas personas obreras de su ciudad cuando iban a Pan de Azúcar a comprar alimentos más baratos. La idea era que el dinero no circulara fuera de su territorio, incluso, si bien no existía ya la esclavitud, los trabajadores de Piria ganaban un salario muy bajo y los alimentos eran muy caros, razón por la cual siempre le estaban debiendo a su patrón. Estas historias de misterio en sus clases era un condimento para incentivar la imaginación de sus estudiantes al momento de crear temáticas en sus propios textos. A su vez, otro tema recurrente en su aula era la naturaleza, es decir, hablaba sobre determinadas especies de plantas y pinos que había traído Francisco Piria en alguno de sus viajes a Europa. También hacía referencia a los colores y los aromas de la naturaleza, como, por ejemplo, al de los árboles, las plantas y en especial al aroma del mar.

Además, contaba cómo era viajar en el tren de Piria y sobre su recorrido, que iba desde el puerto de Piriápolis pasando por Avenida Piria, luego por Misiones y se iba hacia el Cerro Pan de Azúcar pasando por la calle Sanabria hasta llegar al Pueblo Obrero. De ahí, desembocaba en las quebradas del Castillo de Piria atravesando la ruta 37 para hacer un desvío al cerro (lo que hoy en día es la fauna del cerro) y había otra vía que lo llevaba directo a la ciudad de Pan de Azúcar hasta la Estación AFE (Administración de Ferrocarriles del Estado). Para quien conoce la ciudad de Piriápolis, sabe que este trayecto no es un terreno llano, sino que buena parte de ese camino es en pendiente, y el profesor les contaba a sus alumnos que en los repechos los hombres tenían que bajarse vestidos de traje a empujar el tren, porque debido a su peso más el de los pasajeros, el vehículo no podía seguir su recorrido, ya que el tren era de trocha angosta, trabajaba con propulsión a vapor (alimentada a carbón) y no tenía fuerza suficiente.

Conviví con estas historias desde niña y recuerdo que estando en primer año de secundaria la profesora de Idioma Español nos puso como tarea hacer un poema; mi padre había estudiado las licencias poéticas con Figueredo siendo adolescente y, gracias a esa enseñanza, casi treinta años después lo recordaba y pudo ayudarme con el tema de la métrica y la rima del soneto. Mientras trabajaba con su poemario pude percibir que les exigía a sus estudiantes tener un espíritu crítico y que fueran grandes observadores de la naturaleza, porque él así lo era.

Para finalizar el relato de esta experiencia, considero que el poeta ha hecho hincapié en plantear en sus obras metáforas naturales que plantean diversas temáticas que escapan a una simple visión de la naturaleza, para expresar lo más profundo del ser y era esto lo que deseaba transmitirles a sus estudiantes.

Bibliografía

Báez Umpierrez, J., B. Bon de Serrón, R. Figueredo, A. Monayo y H. Pi. "*Edición aniversario 15 años de la Casa de la Cultura de Pan de Azúcar y Biblioteca Municipal*". *Letras*, vol. 6, 1996-1997.

Barea Mattos, M., A. Barreto, G. Ciancio, y P. Rocca. *Poesía e ilustración uruguaya 1920-1940*. Museo Figari, 2013. https://www.museofigari.gub.uy/innovaportal/file/43185/1/poesia-e-ilustracion-uruguaya-1920-1940.pdf

Brena, T. "Revelaciones útiles para una historia literaria". En J. Bengochea, P. Bonilla, M. de Guerra y Willat, *La Ballena de Papel*, vol. 3, oct. 1968, pp. 5-8. https://anaforas.fic.edu.uy/jspui/handle/123456789/38752

Cruz, H., J. Báez, A. Moyano, H. Pí, y R. Villalba. "*A los 110 años del nacimiento de Álvaro Figueredo*". *Revista de la Comisión de Cultura de Pan de Azúcar*, vol. 10, 2014-2017.

Álvaro Figueredo: destellos premonitorios de una poesía trascendental

Lorena Larrosa

Álvaro Figueredo, nacido el 6 de setiembre de 1907 en Pan de Azúcar, fue poeta, escritor y crítico literario, pero ante todo fue maestro y profesor de Literatura, tarea a la que dedicó toda su vida. También forma parte de su amplio legajo la actividad periodística al fundar *Mástil*, un periódico iniciado en 1936, que sirvió como principal impulsor del Primer Congreso de Escritores del Interior, realizado en el Ateneo de Montevideo en el año 1937. Por otra parte, también colaboró durante años con la revista escolar *El Grillo* y se convirtió en un permanente animador cultural.

Para reflexionar sobre la obra y crítica existente del poeta, hemos decidido tomar como referencia el material de recopilación literaria realizado por su hijo Álvaro Tell. Una de las primeras cosas que salta a la vista es que existe muy poco material sobre Figueredo y pocos críticos que se hayan dedicado a su obra; entre ellos se destaca la labor de la escritora y crítica literaria Prof. Esther Cáceres. Ella, además de realizar un homenaje a Figueredo en una edición de la revista fernandina *La ballena de papel*,[12] también prologó la edición de dos volúmenes de los trabajos de Figueredo en prosa y en verso que jamás fueron publicados.

Del total de sus obras existen solamente dos poemarios publicados en vida *Desvío de una estrella* de 1936 y *Mundo a la vez* en el año 1956, que fue dedicado a la ya mencionada Esther de Cáceres.

Del poeta se destaca la escasa difusión sobre su obra, asunto que continúa siendo así, ya que hasta la fecha solo existe un limitado número de publicaciones en revistas que han desaparecido. A su vez, se esperaba la edición de dos volúmenes que estaban listos para ser publicados, que permanecían en cajas de la Imprenta Nacional sin darse a conocer. En 1968, Maldonado reclamó la difusión del poeta, reclamo que continúa vigente

[12] *La ballena de papel* (1968-1972). Revista que reivindicaba talentos del interior, especialmente los locales, promoviendo su difusión.

porque los compilados que Amalia Barla compartió con Cáceres fueron llevados al Ministerio de Cultura, donde desaparecieron.

Actualmente podemos decir que su obra es conocida por el esfuerzo de un grupo de admiradores y amigos (miembros de la Casa de la Cultura de Pan de Azúcar) que en conjunto con Barla trabajaron desde 1970 para difundirla y publicarla. Ese grupo se encarga de mantener resguardado el material recopilado y lo que su hijo rescató del poeta pandeazuquense.

Figueredo es nombrado como un gran poeta y creador de la poesía hispanoamericana contemporánea. En su producción se destaca la emoción y la dulzura con la que se refiere a los niños pobres en las diversas obras infantiles que se inspiran en el escenario de su ciudad natal, Pan de Azúcar. En esta ciudad, a la que el escritor estaba tan arraigado, permaneció toda su vida, y se convirtió en un ejemplo de poeta fiel a su tierra, la que le sirve de escenario para el desarrollo de su personalidad creadora.

En 1989 su hijo Álvaro Tell decidió recopilar toda su obra y se enfrentó a la dificultad de clasificar y definir una obra tan grande como versátil, original, alejada de las fórmulas y los esquemas, todo lo que hace que su obra sea una mezcla de belleza y enigma.

La introspección en la poesía de Álvaro Figueredo y su relación con el Yo

"(...) miradme
Soy yo y soy otro y otro
en otrisímas luces
esta máscara
es la que elijo aquí que me reconozco".

Generalmente, cuando hablamos de un artista pensamos siempre en la dirección más común a la cual va dirigida su obra. Es normal pensar la literatura desde las distintas perspectivas y teorías como un acto de diálogo con el otro, ya sea este si lector parte de un público consumidor o es un potencial lector imaginario. Sin embargo, la obra de Álvaro Figueredo, en gran parte de sus poemas, nos enfrenta a un giro interesante, ya que estos denotan una intención introspectiva profunda.

Si nos planteamos lo que Arturo Sergio Visca escribe en el prólogo del libro *Álvaro Figueredo poesía* editado en 1974 por Amalia Barla, podemos encontrar la mención a una actitud poco habitual y contraria al deseo publicitario. Esto mismo se puede decir si nos remitimos a la recopilación de sus obras realizada por Álvaro Tell, quien encontró todos sus escritos en los estantes viejos de un mueble del comedor, otros en una cómoda del cuarto y algunos en la estantería de una biblioteca. Esto hace presumir que para Figueredo lo importante era el acto creador en sí mismo y no tanto la publicidad de sus palabras.

Figueredo publicó solo dos poemarios *Desvío de la estrella* (1936) y *Mundo a la vez* (1956). Sus restantes obras fueron publicadas en forma póstuma por su esposa, y quedó un rico caudal inédito hasta el momento. La diversidad de temáticas y la variedad de sus inquietudes delatan su interés por lo histórico regional, donde concilia lo narrativo y lo lírico. También hay una parte de su obra dedicada a la literatura infantil, en la cual podemos observar que Figueredo conserva el brillo de su estilo estético, aun cuando escribe para niños.

De todas formas, lo más interesante de su obra parece ser una inquietud personal por llegar a lo profundo de sí en un sendero vanguardista en el cual se desdobla a sí mismo y se encuentra con él a través de los espejos y los laberintos del ser.

A lo largo de este trabajo intentaremos reflexionar sobre Figueredo, quien hubiese podido viajar y continuar su creación de poemas de alta estirpe, difundirlos, promocionarse. Sin embargo, eligió vivir toda su vida en su propia ciudad, la cual fue fundada por su abuelo Francisco Bonilla. En cuanto a su poesía, prefirió hacer un camino en la dirección opuesta y configurar toda su fuerza creativa en uno de los recorridos más interesantes y personales que puede hacer un hombre: el recorrido hacia adentro.

Podemos decir que tal vez nos libró del trabajo de revisar su obra con interés técnico y métrico, porque posiblemente para él la finalidad última de escribir no consistía en demostrar hacia afuera sino en conocerse y reconocerse en su propia obra.

A pesar de los múltiples quehaceres que Álvaro Figueredo llevó adelante como maestro del pueblo, como docente, como profesor y como promotor de la cultura, aun así prefirió siempre el título de poeta como su mayor y más importante denominación. Figueredo se definía a sí mismo como el poeta de su pueblo, esto se puede rescatar dentro de las historias que han ido pasando y quedando a través del tiempo.

Así lo rescata una anécdota contada por su primo Ricardo L. Figueredo en una entrevista realizada para el canal de YouTube, *Los pájaros ocultos,* del año 2017: Figueredo se encontraba en un bar del pueblo compartiendo copas con sus conocidos y lanzó varias críticas hacia la policía. Por tal motivo, un hombre desconocido se le acercó y le dijo que cuidara lo que estaba diciendo. Figueredo lo miró y le dijo "¿Señor, usted sabe con quién está hablando?, está usted hablando con el poeta del pueblo". Y el desconocido le contestó: "Usted está hablando con el nuevo comisario del pueblo". Lo importante de la anécdota para nosotros es el claro sentimiento del escritor hacia sí mismo como poeta, y más aún como el poeta del pueblo.

Cabe mencionar que las particularidades de su poesía y su estilo singular la convierten en una lectura que se puede percibir como compleja. Cuando nos encontramos con su poesía, lo primero que vemos es que no existe una conexión llevada por un único hilo temático, y que debemos renunciar a los acostumbrados versos que se mueven en un sentido explícito y lineal. Se trata de una poesía que parece estar motivada por las fuerzas de lo irracional, adherida a una especie de misterio que para ser develado requiere de ciertas condiciones.

Para Jorge Albistur la característica y el estilo poético de Figueredo hacía que su poesía se encuentre clasificada dentro de la denominada 'poesía hermética'. Por su parte, Julio Báez define a Figueredo como un poeta de culto, ya que su poesía era poco conocida pero muy valorada por aquellos que estaban cercanos a ella. Ricardo Pallares lo llamó "poeta de minorías", debido a que no era conocido a nivel popular sino más bien por cierta elite de personas cultas; estas últimas definiciones son aportadas por los protagonistas de la entrevista titulada *"Las otrísimas luces del yo"* (2017). Todas estas denominaciones hechas por los críticos mencionados y las personalidades vinculadas a Figueredo están en última instancia relacionadas a un arte que se mueve a través de imágenes y no depende de un único hilo discursivo.

Al llegar a la lectura de *Mundo a la vez* (1956) notamos que Figueredo transgrede totalmente las reglas formales del discurso poético clásico. En cada uno de sus poemas el escritor nos presenta imágenes y focos temáticos diversos, encadenados uno tras otro, que vienen cargados de significaciones. Estos focos temáticos, con contenido simbólico, están dentro de una misma composición formando parte de un todo, de modo tal que para el lector las imágenes presentadas pueden concebirse como piezas de un rompecabezas.

Otra característica de sus obras es la ausencia de puntuaciones, lo cual genera una especie de recorrido continuo que, además, quiebra el ritmo por medio de los encabalgamientos. En suma, cuando nos enfrentamos a la lectura de sus poemas tenemos la impresión de entrar a través de un paisaje sucesivo de imágenes y sensaciones que nos van llevando de un lugar a otro con un ritmo intenso e irregular. A esto se le agrega una carga profunda de cierta irracionalidad, dada por el fragmentarismo y el desorden enumerativo que a menudo se presenta en compañía del uso caótico de las metáforas.

Dejando de lado el estilo y remitiéndonos más puntualmente a los contenidos, podemos decir que al tomar contacto con los versos del poemario *Mundo a la vez* entramos en un laberinto de puertas o tal vez un túnel de espejos que nos remiten una y otra vez a la pregunta: ¿Quién es Álvaro? Incluso la propia pregunta aparece repetidamente en varios de los poemas del libro. Pero es una pregunta que no tiene afán de ser contestada, más bien tiene la aspiración de ser descubierta incluso por el mismo poeta en diálogo con su Yo lírico.

En este sentido cabe señalar lo dicho por el propio Figueredo en una conferencia que ofreció en la ciudad de San Carlos en 1944: "Si ustedes creen que soy un poeta, voy a aclarar esa niebla: yo no solo soy yo, sino un coro de Álvaros que incesantemente engendro para acompañarme poéticamente sobre la tierra en medio de su dura soledad y cuantos Álvaros he sido y sigo siendo". En estas declaraciones se observa que el poeta trata su creación como un desdoblamiento de sí mismo, a través del cual explora sus diversas facetas y a su vez se llena de misterio en torno a su propia identidad. Una identidad en movimiento que utiliza la compañía de un coro de seres literarios que sin dudas está ligado a un existencialismo muy marcado.

Si analizamos un poco este "coro de Álvaros" creado por el poeta veremos que en su poema *Teoría de la máscara* (1956) podemos apreciar una complejidad en la noción de ser, que explora su Yo lírico. Figueredo ha creado una figura perfectamente consciente de la complejidad de sus dimensiones humanas: "Miradme, soy yo y soy otro y otro en otrísimas luces".

Cabe citar algunos versos de su poema "Yo le decía a Álvaro", en los cuales podemos ser testigos de este carácter multidimensional del ser:

> Álvaro ¿quién es Álvaro
> qué turno
> qué delirio qué número qué dulce
> vez qué
> agria vez
> qué un
> transformándose en él
> en este en otro en ambos
> sí pero no y mi mundo
> mi alvaridad fluyendo de calle en calle usándome.

Si tuviésemos que definir como es este Yo poético podríamos decir que estamos frente a un devenir complejo más que a un ser en sí mismo. Es decir, la descripción del Yo lírico que se nos presenta es la de un ser en movimiento y en acción, que a su vez está marcado por los contrastes. Más adelante, en el mismo poema podemos encontrar otro sentido del ser también en sus complejas dimensiones, pero esta vez ligado a la identidad en un sentido más clásico. Es decir, el ser referido a su historia sus hábitos y costumbres:

de grada en grada el eco
Invadiendo mis hábitos mi oficio
mis trajes mi alimento
mis retratos mi caja de cerillas
la piedra vitalicia donde escribo [...]
señalando mi puerta designándome alvarísimo.

Desde ya podemos decir que a lo largo del poemario *Mundo a la vez* se observan algunas constantes, que pudieran ser señaladas como motivos temáticos. Estas son: la identidad, la dualidad humana, las contradicciones del ser, pero sobre todo la identidad personal en constante cuestionamiento. También puede decirse que este núcleo temático es factible de ser rastreado incluso en otras obras previas a la creación de *Mundo a la vez,* como lo es el caso del *Romance a Abel Martín,* donde se ven los destellos de un surrealismo cargado de esta búsqueda de sí mismo a través de un Yo poético múltiple y complejo. En este romance existe un aire inquietante de premonición, ya que nos ambienta y remite al momento de su muerte, de su encuentro con lo eterno, y nombra como parámetros temporales un miércoles de enero. Cabe recordar que Figueredo murió el miércoles 19 de enero de 1966. Es interesante señalar que Jorge Albistur, en su prólogo de *Mundo a la vez* menciona esta premonición, que encuentra en los versos del soneto *Vergüenza de morir*: "y yo sin ver el miércoles ni el pino/ ocultaré mi muerte avergonzado".

Aún más interesante es ver que en el *Romance a Abel Martín* no solo señala el miércoles como día de su partida, sino que es un miércoles de enero. El romance comienza ubicándonos en el momento de su muerte visto desde una perspectiva del tiempo pasado:

Hace mil años, un día
al pie del mar de un espejo
me quedé muerto mirando la sinrazón de mi sueño.

Luego desde el verso 35 al 37 describe el momento ubicándolo en un miércoles de enero:

iba quebrando el crepúsculo
donde yo me estaba viendo
el mar estaba sin ojos ese miércoles de enero
y se trenzaba la barba con los olvidos del tiempo.

Podemos asentir que este halo de cierto misticismo que envuelve a los poetas y los acerca a una sensibilidad relacionada con la premonición se encuentra presente a lo largo de toda la poesía de Figueredo. A su vez, este rasgo se ve acentuado por el estilo irracional de poesía con aire trascendental. Pero es en su obra *Mundo a la vez* en la que se termina de consolidar toda su carga trascendental, que a su vez lleva consigo aparejada una especie de búsqueda personal por el "yo mismo" y la construcción de su "alvaridad".

Álvaro Figueredo la identidad cuestionada

Para poder trabajar con la figura del Yo poético de Álvaro Figueredo resulta pertinente mencionar algunos aspectos básicos de la construcción del Yo propiamente dicha. En este sentido, es necesario esbozar lo que comúnmente consideramos el Yo y cómo se construye, para luego abordar la concepción del Yo que maneja Figueredo para la creación de su Yo poético. En este trabajo no vamos a profundizar en la conformación de la personalidad psíquica de acuerdo con la psicología clínica ni mucho menos. Simplemente, vamos a señalar las complejidades temáticas que un análisis de este tipo contiene.

Cuando hablamos del Yo existen perspectivas teológicas, filosóficas e incluso ideológicas que quedan contenidas dentro del mismo concepto. Cabe señalar, por ejemplo, que las concepciones del alma huma llevan consigo una perspectiva que implica definir el Yo en cuanto a la diferenciación de esencia con la de materia. En este sentido, hablamos de un Yo inmutable que habita el cuerpo pero que no se extingue con él, sino que se perpetúa y perdura más allá de la materia corporal humana. Podemos decir que el significado inicial de la palabra *psicología* tiene como raíz etimológica los términos *psique*, que significa "alma" o "mente" y *logía*, "estudio", por lo que se puede decir que la palabra inicialmente refiere al estudio del alma. Es decir que tanto para la teología como para la psicología el alma —ya sea percibida como esencia o como mente— es un componente básico de lo que llamamos el Yo.

Todas estas nociones del Yo se encuentran sugeridas en la obra de Figueredo, quien por momentos nos remite a la creación y al creador con una cierta "duda" y distanciamiento entre lo creado y el propio creador que nos recuerda al deísmo. Tal es así en el caso de poemas como "La manzana y la flecha". Asimismo, existe una atemporalidad de este Yo poético en la que presentimos una cierta referencia a la superación de la esencia por sobre la materia. Esto lo podemos ver en cuanto Álvaro aparece hombre, tanto como niño o incluso en su momento póstumo; esta atemporalidad solo está permitida por la falta de unión entre lo físico y lo intangible del ser.

Pero si regresamos sobre algunos aspectos de la formación de la personalidad psíquica, veremos que existen una cierta gama de variedades teóricas que van a ser diferentes según la corriente psicológica en la cual nos apoyamos. No obstante, hay ciertas generalidades a las que no escapan las teorías y que se manejan comúnmente. En ese sentido, podemos decir que la construcción del Yo implica el conocimiento o la idea de la propia identidad. Es una toma de conciencia por parte de la persona sobre la permanencia de sí mismo como sujeto, la cual da lugar a la noción del Yo.

Entre los aspectos fundamentales para esta construcción personal del ser el lenguaje cobra vital importancia para el desarrollo de estas nociones. El sujeto, como ya dijimos, toma consciencia de su propia permanencia a través del lenguaje. También las experiencias vividas van trazando un camino que lo relaciona a su propia historia y que luego se convierte de algún modo en su procedencia.

Podemos afirmar que la experimentación del poeta en cuanto al lenguaje lo lleva a innovar creando sus propios neologismos, que son singulares y escapan a las creaciones poéticas de otros autores como Vallejo. Figueredo estaba al tanto de las corrientes vanguardistas circundantes que habían aparecido hacía ya tiempo y podemos observar una apropiación sumamente particular que guarda su secreto justamente en este carácter introspectivo y personalista. Basta solo con señalar algunos de sus neologismos (alvaridad, alvarísimo, alvarísimamente) para saber que la inquietud poética de Figueredo señala hacia adentro, hacia sí mismo.

Si ponemos el foco en el aspecto del lenguaje veremos que, tal como lo señalan las últimas investigaciones referidas a la construcción del sujeto, el lenguaje juega un papel fundamental ya que el pensamiento racional se desarrolla solo a partir de este. No existe pensamiento o actividad simbólica fuera de la mediación lingüística, de la misma manera que no existe el sujeto fuera ella. Es interesante señalar que, al referirnos a la creación literaria, se juega con una multiplicación de sentidos en cuanto al poder creador de la palabra. Dado que nos vamos a enfocar en el análisis de la creación de un Yo poético, este valor del lenguaje es aún más trascendente.

Por otra parte, es necesario señalar que en la vivencia individual la persona tiene la percepción de ser uno y ser siempre el mismo. Esta percepción es claramente subjetiva, pero es justamente la raíz que da fuerza a la conciencia del propio ser. Poder conocerse normalmente significa que un individuo pueda anticipar gran parte de sus propios gustos creencias y acciones, basadas en la propia experiencia de ser "él mismo". Dicho de este modo, pudiera parecer que el concepto de un núcleo interior común que reúne las propias experiencias y que se conserva de algún modo casi inamovible a lo largo de la vida es lo que comúnmente llamamos el Yo. Pero no podemos dejarnos guiar por esta simplificación histórica que elude la complejidad humana. Muchas veces nos sorprende descubrir que todas las teorías apuntan a que esta noción no es más que la ilusión de una percepción subjetiva. Es interesante mencionar que la obra de Figueredo ofrece una perspectiva sumamente multifacética para este Yo poético a través del cual se cuestiona a sí mismo y que está dotado de grandes contradicciones.

Cuando hablamos de un Yo poético, nos referimos a una creación producto de la imaginación de un Yo real en diálogo con su propio creador y con sus lectores. En este trabajo intentamos visibilizar la labor introspectiva de Figueredo, y cómo juega con esta creación de un Yo poético que le permitió llegar a trabajar con la multiplicidad de máscaras que conforman a lo que Figueredo llamó en sus poesías el "uno mismo".

A primera vista se puede observar que Figueredo crea su obra desde una postura existencialista muy desprendida de la idea clásica de un Yo permanente, inmutable, constante. El Yo poético planteado por Figueredo es contradictorio, cambiante, e incluso se presenta como una especie de esencia que lo usa: "Mi alvaridad fluyendo de calle en calle usándome". Esto difiere totalmente con la idea clásica del Yo, que es uno y siempre el mismo. Por el contrario, Álvaro Figueredo permite a sus obras el dominio de lo no racional, donde además explora un Yo poético consciente de su ser, de su presencia y de su ausencia. Su existencialismo exhibe al hombre como cualidad y no como identidad; el hombre no está descripto como esencia sino existencia. De este modo, se encuentra siempre sujeto al cambio, y es un yo en acción que no está sujeto, sino que se expresa en acciones mismas. En este sentido podemos citar como ejemplo los dos primeros versos del poema "La esquina está en la esquina": "quien sabe cuándo dónde / me busca un rostro".

Y más adelante aparece "lleno de arena de penuria", "mientras ando escribo duermo silbo", "yo borrándome", "mirando el suelo" y así sucesivamente: El yo está siendo mencionado absolutamente ligado a las acciones y no al ser estático en sí mismo. Si analizamos el poema completo veremos que el Yo poético aparece mencionado siempre como un devenir más que como un ser. No se trata de una entidad fija, incluso no tiene una forma física particular, sino que es un sentir en acción.

También existe otra arista interesante de sentidos que nos llaman a reflexionar sobre la complejidad de la creación poética de Álvaro Figueredo. En el Yo poético que crea asistimos a una identidad problemática a la cual se le suma, como ya hemos mencionado, el desdoblamiento de sí mismo, que se puede inferir a través del nombre propio que Figueredo otorga su personaje.

El Yo poético de Figueredo es uno y es todos a la vez; el poeta no se limita a sí mismo ni recorta su Yo poético al Álvaro hombre o al Álvaro esposo. En este sentido, la creación del autor es una creación acorde con un precepto básico de la psicología que nos contempla en un sentido holístico y múltiple y que a su vez depende mucho de los roles en los cuales nos encontramos inmersos. En este "álvarohijohermanopadre" con minúscula, tal como él mismo lo menciona en su poema "Al último le digo", podemos apreciar las diversas facetas que definen su Yo poético como un Yo complejo.

Por último, podemos señalar que Figueredo ha descartado la apariencia y las descripciones físicas de este Yo que aparece tanto como adulto al igual que como niño. En este sentido, podemos relacionar este Yo poético con una sumatoria de experiencias o con una voz interior que conserva la capacidad de existir, pero no se lo describe de forma corporal. Es interesante que, sin embargo, los espejos aparezcan o que el mar se convierta en ocasiones en espejo, pero no devuelve descripciones del reflejo, no al menos en el sentido de la imagen.

Figueredo menciona haber utilizado para la composición de su poesía su experiencia personal para lograr este encuentro vital con su creación, tal como señala en el prólogo de *Mundo a la vez*. El poeta no desconoce que las experiencias, las costumbres y las herencias conforman gran parte de todo aquello a lo que comúnmente llamamos Yo. Al volcar en su acto creador una voz poética que se apoya en parte en su subconsciente, nos ofrece una poesía que contiene toda esa carga de franca naturalidad, por momentos oscura, que ronda en la ambigüedad de la existencia del propio ser.

Tal como lo dijo el propio Figueredo, no aspira a formular ningún dogma poético ni a establecer o amparar al canon de componer algo que satisfaga o encaje. Su preocupación ronda en su propia experiencia personal de componer una poesía suya o, como él mismo lo dijo, "mía, en mí".

Antonio García, en su obra *La construcción del yo poético* (2019), plantea que cada poeta crea y construye su propio universo alterno en el que las palabras juegan un papel central. Ellas no se desprenden de su significado denotativo, pero sí pueden cobrar nuevas connotaciones de acuerdo al uso que el poeta les otorga. Pero el juego es aún más complejo porque la palabra escrita se desprende también de las connotaciones del propio autor y toma vida en el lector mismo. Lo cierto es que Álvaro Figueredo nos ofrece una lógica propia y un funcionamiento muy personal en el que llega a traspasar los límites de la palabra existente para crear un cierto lenguaje nuevo con connotaciones de plena subjetividad, como ya lo mencionamos.

Si vamos nuevamente al poema "Yo le decía a Álvaro", a partir del verso quinto: "sí pero no y mi mundo / mi alvaridad fluyendo/ de calle en calle usándome". En esta construcción existe un afán individualizador que lo identifica y que lo convierte en único y original. No hay que olvidar que toda poesía y todo arte emana en última instancia del cordón umbilical del Yo. Este Yo que, como mencionamos antes, es buscado por un rostro con la ambigüedad del lenguaje que ello conlleva. Podemos inferir que se trata del rostro de una persona que lo busca, o también podemos interpretar que su ser es buscado por un rostro que lo identifique, como si este ser aún no tuviera un rostro que concuerde con su identidad.

Figueredo extrae su arte no desde su conciencia racional, sino que va más allá de los límites de la razón. En esta exposición ligada íntimamente a lo irracional se acerca por consecuencia directa a los contenidos del corazón mismo y lo emotivo. Pero, después de todo, ¿qué es la inspiración, si no más que un soplo de sensaciones que el autor intenta transmitir a través de las palabras? En Figueredo sentimos esa carga emotiva de lo onírico, esa sensación de un sueño similar a los recuerdos, con su lógica personal que no se detiene ante lo inexplicable.

Cada artista es un pequeño dios que crea y recrea su propio escenario. Figueredo ha creado un mundo propio misterioso y premonitorio.

Bibliografía

Figueredo Álvaro (1956), *Mundo a la vez.*

García, A. *La construcción del yo poético.* 2019.

Sola-Morales, S. *El rol del lenguaje en la construcción del sujeto.* 2017.

Pedemonte, J. P. "Las otrísimas luces del yo". *YouTube*, 26 jul. 2017. https://youtu.be/4jswKwDdzYE

Identidad cultural a partir de la revista *Letras*

Jeannette Alcana

Introducción

La revista *Letras* es una publicación cultural de la ciudad de Pan de Azúcar, ubicada en el departamento de Maldonado. Su primera edición aparece en el año 1985, a un año del regreso a la vida democrática en nuestro país, luego de once años de la dictadura cívico-militar comenzada en 1973.

Abriendo la revista, leyéndola, hablando con Alfredo Moyano (co-fundador), poeta, cuentista y orgulloso poblador de dicha ciudad, sentí lo que realmente significa gestar y parir una revista cultural y literaria. En ella está la voz silenciada de una comunidad, como lo fueron otras, en esos años aciagos que tuvo que vivir nuestro país. Voz que no solo respira profundo, sino que también exhala lo bello y lo triste que estuvo contenido por tanto tiempo.

En el contacto con estas personas, sentí lo que significa el sentido de pertenencia a ese lugar tan querido por ellos, lugar identificado por el cerro Pan de Azúcar, ubicado en el oeste de la ciudad de Maldonado. El cerro aparece delineado en las once tapas de las once ediciones de esta revista *Letras*, lo que la identifica con esta ciudad y sus pobladores, material que Alfredo,[13] Zulma[14] y Rosario[15] atesoran con tanto celo.

La revista tuvo su génesis en la etapa de reapertura democrática previo al llamado a elecciones nacionales; se fue gestando en esas conversaciones de vecinos en el "boliche del pueblo", y luego tomó cuerpo y se materializó a través de los integrantes de la Comisión de Cultura de Pan de Azúcar, que se estableció como tal en febrero del año 1985. La primera edición de la revista se publicó en diciembre de ese mismo año. En el primer número (1985), se lee bajo el título COMISIÓN DE CULTURA DE PAN DE AZÚCAR, NACIMIENTO Y ACTIVIDADES: "Durante el pasado mes

---

[13] Alfredo Moyano, cofundador de la revista *Letras*.

[14] Zulma Galletto, esposa de Moyano y colaboradora de la revista.

[15] Rosario García, bibliotecaria de la Casa de la Cultura de Pan de Azúcar.

de febrero, con la restauración de la vida democrática en el país, se constituye la Comisión de Cultura de Pan de Azúcar" (*Letras,* 1985, 3). Cabe destacar que esta comisión se formó con integrantes de comisiones de Cultura que trabajaban con anterioridad al golpe de Estado y que habían sido disueltas. Fue de suma importancia para estas personas la posibilidad de volver a reunirse para llevar a cabo la movilización social a través del arte, propio y uruguayo en general, para la reconstrucción de una memoria colectiva que les condujera a reivindicar la identidad de pandeazuquenses. El entusiasmo y mil proyectos de este inicio los desbordaban; así lo transmite Zulma Galletto en nuestras conversaciones.

Considero importante detallar acá los nombres de quienes integraron, por decisión en asamblea, la Comisión de Cultura: Amalia Barla de Figueredo, Presidente de Honor, Haroldo R. Pi, Presidente, Alfredo Moyano, Secretario, Julio Báez Umpiérrez, Prosecretario, Domingo Piegas Oliú. (*Letras,* 1985, 3).

Para comenzar, se me hace necesario plantear aquí la importancia de la revista literaria, a partir del concepto de Marcia Collazo Ibáñez (s.f.) y del estudio del profesor-investigador Gilberto Giménez (2009), tomando ambos trabajos como marco teórico.

> La revista hunde sus raíces en su tiempo y en su cultura. No es escrita por uno sino por varios autores, y así. Por ello, a diferencia de un creador individual, implica la idea de construcción colectiva periódica, sistemática y acumulada, así como la multiplicidad de los discursos, insertados desde el punto de vista hermenéutico en determinado horizonte histórico de comprensión. Y por eso también toda revista incluye la idea de época y de generación. [...] Las revistas culturales pueden nacer por diversas razones, pero la más importante de todas es, sin duda, la necesidad de comunicarse, de darse a conocer, de abrirse al mundo, en suma. (Collazo Ibáñez)

Como compendio de pensares, de sentires y saberes, toda revista cultural suele constituir un elemento de gran valor para estudiar la historia de las ideas [literarias, estéticas, políticas, sociales o de cualquier otra índole] [16] en determinado momento histórico; constituye un haz de convergencia de pensamientos individuales y colectivos, de ideas y de ideologías, de sujetos y de pueblos de diversidades y de identidades. (Collazo Ibáñez).

La Cultura: una telaraña de significados

Al referirse a *cultura*, Giménez (2009) la piensa como "una telaraña de significados". Aclara que ya no se tiene el concepto de cultura como "pautas de comportamiento" como se tenía en la década de 1950, sino que en la actualidad se ve como "pautas de significados" y concluye en que desde esa perspectiva se la puede definir como "la organización social de significados, interiorizados de modo relativamente estable por los sujetos en forma de esquemas o de representaciones compartidas, y objetivados en formas simbólicas, todo ello en un contexto históricamente específicos y socialmente estructurados" (Giménez, 8).

El autor establece una distinción entre "formas objetivadas" y "formas interiorizadas" de la cultura, las cuales dialogan entre sí. Explica que, por una parte, los significados culturales se objetivan en forma de artefactos o comportamientos observables, llamados "formas culturales" (Thompson, 202); por ejemplo, obras de arte, ritos, danzas. Por otra se interiorizan en forma de *habitus*, de esquemas cognitivos o de representaciones sociales. El primer caso sería lo que Bourdieu llamaba "simbolismo objetivado" (Bourdieu, 86) y otros "cultura pública". Giménez plantea que las formas interiorizadas provienen de experiencias comunes y compartidas, mediadas por las formas objetivadas de la cultura y no se podrían interpretar ni leer las formas culturales exteriorizadas sin los esquemas cognitivos o *habitus* que nos habilitan para ello. Aclara que esta distinción es una tesis clásica de Bourdieu, quien realiza un gran aporte a los estudios culturales, ya que permite tener una visión integral de la cultura al incluir la interiorización por los actores sociales, y más aún, permite considerar

[16] Los agregados entre corchetes son míos.

la cultura preferentemente desde el punto de vista de los actores sociales que la interiorizan, la "incorporan" y transforman en sustancia propia. Así planteado, podría decirse que no existe cultura sin sujeto ni sujeto sin cultura.

Giménez agrega un concepto más preciso aun: no todos los significados pueden llamarse culturales sino solo los significados ampliamente compartidos por los individuos y relativamente duraderos dentro de un grupo o de una sociedad (Strauss y Quin, 85).

Para que los significados puedan ser considerados "culturales" deben tener una relativa estabilidad, tanto en los grupos como en los miembros. Tendrían también otra característica: muchos de estos significados compartidos conllevan una fuerza motivacional y emotiva.

La identidad se predica de los actores sociales

Giménez pasa luego a tratar el tema de la identidad, y la describe como "la representación que tenemos de nosotros mismos en relación con los demás". Esto llevaría a tener que hacer comparaciones entre las personas para encontrar semejanzas y diferencias entre ellas. Al encontrar semejanzas concluimos que comparten una misma identidad que las distinguen de otras personas.

A su interrogante de qué es lo que nos diferencia a las personas y a los grupos, se responde a sí mismo: la cultura. Ampliará la idea explicando que nos distingue la cultura compartida con los demás a través de nuestras pertenencias sociales y lo sintetiza diciendo que los materiales con que construimos nuestra identidad son materiales culturales. Ahondando en su reflexión, aclara que no habla de cualquier identidad, sino la identidad sentida, vivida y exteriormente reconocida de los actores sociales que interactúan entre sí en diferentes campos, que la capacidad de actuar y de movilizarse (o ser movilizado) es muestra de que estamos ante un actor social.

Identidad colectiva

Las identidades colectivas, a diferencia de las identidades individuales, no constituyen un dato, un componente "natural" del mundo social, sino un acontecimiento contingente y a veces precario producido por un complicado proceso social (por ejemplo, micropolíticas o micropolíticas de grupalización) que el analista debe dilucidar. Los grupos se hacen y se deshacen, están más o menos institucionalizados u organizados, pasan por fases de extraordinaria conexión y solidaridad colectiva, pero también por fases de declinación y decadencia que preanuncian su disolución.

Pero también estas formas de identidad, colectivas e individuales, tienen aspectos comunes. Al igual que las identidades individuales, las colectivas tienen la capacidad de diferenciarse de su entorno, de definir sus propios límites, de situarse en el interior de un campo y de mantener en el tiempo el sentido de tal diferencia y delimitación, o sea, de tener una duración temporal (Sciolla, 14). Todo esto está dado porque son individuos que la representan o administran invocando una real o supuesta delegación o representación.

Giménez toma la teoría de Melucci, autor de *Challengingcodes* (2001), como el contribuyente más importante de las teorías de las identidades colectivas. Para este autor, la identidad colectiva implica, en primer término, una definición común y compartida de las orientaciones de la acción del grupo en cuestión, como son los fines, los medios y el campo de acción. Pone como ejemplo ilustrativo a los partidos políticos, que lo primero que hacen es presentar al público un proyecto propio que los define, expresado en una ideología, en una doctrina o en un programa.

En un segundo lugar, implica vivir esa definición compartida como un "modelo cultural" susceptible de adhesión colectiva, para lo que se le incorpora una serie de rituales, prácticas y artefactos culturales.

Esto también implica construir una historia y memoria que den seguridad y estabilidad a la autodefinición identitaria. En efecto, la memoria colectiva es para las identidades colectivas lo que la memoria biográfica es para las identidades individuales.

Al tratar la memoria colectiva, hace referencia a una teoría de Candeau, y dice que las identidades colectivas se relacionan con las "raíces" o los orígenes, que están asociadas a la idea de una memoria o de una tradición. En efecto, la memoria es el gran nutriente de la identidad (Candeau, 6), hasta el punto de que la pérdida de memoria, es decir, el olvido, significa lisa y llanamente la pérdida de identidad. Más adelante en su trabajo, señala que la memoria colectiva es el conjunto de las representaciones producidas por los miembros de este grupo; la memoria colectiva es la memoria de un grupo, pero bajo la condición de que sea una memoria articulada entre los miembros del grupo.

La memoria colectiva requiere de marcas sociales, uno de cuyos elementos es la territorialidad. La inscripción territorial es para la memoria colectiva lo que el cerebro es para la memoria individual. La topografía o "cuerpo territorial" de un grupo humano no es una *tabula rasa*, sino, por el contrario, es una superficie marcada y literalmente tatuada por una infinidad de huellas del pasado del grupo que constituyen centros mnémicos o puntos de referencias para el recuerdo.

La memoria colectiva, concluye Giménez, se aprende y necesita ser reactivada incesantemente. Se la aprende mediante procesos generacionales de socialización que son llamados "tradición", es decir, el proceso de la comunicación de una memoria de generación en generación. Necesita ser reactivada periódicamente para contrarrestar la amenaza permanente del olvido, y este es el papel de las conmemoraciones y de otras celebraciones semejantes (marchas, manifestaciones mnemónicas, aniversarios, etcétera, que constituyen la memoria colectiva en acto (Giménez, 23).

Luego de haber leído diferentes números de la revista *Letras* y haber tenido interesantes charlas (más que entrevistas) con Alfredo Moyano y Zulma Galletto, intentaré en estas páginas dejar mi visión (construida a partir de lo expresado por las revistas y sentido por estas personas) de lo que significó *Letras* para la sociedad de Pan de Azúcar y lo que sigue significando aún estas dos personas, que tan acogedoramente me han recibido en su hogar para transmitirme su sentido de pertenencia a un lugar y a una identidad cultural.

Memoria e identidad colectiva en Letras

En su primera publicación, uno de los integrantes y escritores que hará permanentes aporte es Haroldo R. Pi. En el último párrafo de un breve escrito que inicia la revista y se titula "Más allá", deja clara la intención que mueve a este emprendimiento:

> Acá en Pan de Azúcar, un grupo de personas hemos considerado que hay muy importantes trabajos para realizar y que, algunos de ellos, entreteniendo, recreando, pueden dejarnos pequeñas o grandes enseñanzas que en definitiva nos lleven, nos impulsen más allá. Según la mitología, Hércules había grabado en la roca aquella sentencia de "Non Plus Ultra" (No Más Allá), que detenía a todo marino que quisiera aventurarse al mar desconocido. Y estas actividades en las que hemos pensado, las que ya comenzaron a realizarse con total éxito y entusiasmo: el cine arte, el teatro, las letras, las artesanías, las artes plásticas, la música, el ajedrez, el museo, la biblioteca, estas páginas lector que son suyas, y todas las otras que cada uno piense y desarrolle libremente, ayudarán a alejarnos en forma definitiva del "Non Plus Ultra" de estos años. Ayudarán a alejarnos y también nos protegerán, sí que nos protegerán, de los otros que irremediablemente nos acechan en el porvenir y que acompañan al hombre en su camino, así como al día, lo acompaña la noche. (*Letras*, 1985, 2)

No hay dudas de que los once años de represión que habían quedado atrás dejaron heridas y divisiones que hacían urgente el comienzo de alguna forma de sanación y el estrechar la brecha provocada en la sociedad, así como el rescate de la memoria que posibilita el fortalecimiento de la identidad. Una forma, y de las más efectivas, siempre ha sido el Arte. Giménez plantea que "la cultura es una telaraña de significados" y esa comisión, este grupo de vecinos, fue la que ideó y comenzó a tejer esa telaraña, poniendo en marcha todo un engranaje de difusión de la cultura propia de ese lugar que había sido desdibujada, forzada al olvido, teniendo como portavoz a esta revista.

La revista se organiza en secciones: Historia, Cine-Arte, Música, Artes Plásticas, Letras (cabría señalar acá que la responsable de esta sección era la poetisa fernandina Amalia Barla de Figueredo), Ajedrez, Teatro, Artesanía, Museo y Biblioteca. Cada una de ellas dirigida por algún integrante de la Comisión o vecino colaborador, quien tenía como responsabilidad delinear y concretar la actividad que le correspondía. Las revistas, como es natural, cuentan con un Consejo de Redacción (Haroldo Pi, Domingo Piegas Oliú, L. Figueredo, Julio Báez Umpiérrez) y un Secretario de Redacción y Redactor Responsable (Alfredo Moyano). En la sección literaria muchos de los escritores eran, y algunos siguen siendo, los antes nombrados integrantes de la comisión, así como cualquier ciudadano que tuviera la inquietud de escribir y de comunicar.

Hablando con Alfredo Moyano y Zulma Galletto (quien también integra el grupo que participa en la revista de forma constante), ambos resaltan que lo que unificó, motivó e identificó a este grupo fue la figura de Álvaro Figueredo.

Origen de la revista Letras

A partir de esta figura unificadora se reúnen estas personas para comenzar a proyectar su revista. En un principio, como dice Moyano, fueron largas conversaciones de "boliche", y luego en la Casa de la Cultura. Así comenzaron a surgir otras inquietudes culturales; con referencia a los acontecimientos, no hay certeza de cuál fue el primer evento cultural realizado por estos vecinos. Al decir de Zulma y Alfredo, "la memoria no acompaña" en estos detalles, porque en los hechos todo está intacto en sus recuerdos. La emoción es mucha cuando hablan de estos primeros acontecimientos que les hacían sentir que se "respiraban otros aires" por allá por el 1984-1985. Alfredo lo expresa diciendo que largaron este proyecto cultural "por todo lo alto" y transmite ese entusiasmo, actualizando los momentos vividos.

Actividades que cambian la dinámica social

Para la reconstrucción de la sociedad, y como dice Alfredo Moyano, "sentir la libertad", comienzan realizando encuentros culturales en la Plaza 19 de Abril de esa ciudad: exposición y venta de artesanías locales, y recitación de poesía, modalidad que ya utilizaban antes para difundir sus escritos; eran "Trovadores" al decir de Zulma Galletto. Esta modalidad surge en plena dictadura: con motivo de la caída del Gobierno y muerte del presidente de Chile, Salvador Allende, en el golpe de 1973, Alfredo Moyano escribe *Canto a Chile* y, desafiando la restricción impuesta en nuestro país, recita este canto elegíaco en una esquina de su querida Pan de Azúcar. A partir de este hecho, más adelante en el tiempo se reunirán en la plaza o esquinas de la ciudad a recitar sus poesías.

Ya instalada la democracia y conformada la Comisión de Cultura, se llevará a cabo la remodelación y apertura de la Vieja Bodega, una antigua bodega abandonada que fue el lugar acondicionado por los integrantes de la comisión y de vecinos colaboradores para la realización de eventos culturales. Allí también funcionó el taller de cerámicas y de ajedrez, pero principalmente los talleres literarios.

El entusiasmo fue creciendo. Al ver los resultados en el cambio de la dinámica social, comenzaron a realizarse concursos literarios, ya que uno de los motivos que movían principalmente a Moyano era abrir un camino a jóvenes escritores y artistas en general que no tenían forma de darse a conocer ni lugar donde manifestar sus inquietudes artísticas. Es en Pan de Azúcar donde se llevará a cabo el primer y segundo Congreso Nacional de Escritores.

Es destacable la forma en que se realiza un proceso en el cual estas actividades van creciendo al punto de convocar personalidades relevantes del Gobierno y de la cultura. Por ejemplo, la ministra de Educación y Cultura, Adela Reta, llega a Pan de Azúcar y participa del II Congreso Nacional de Escritores; también se irán acercando otras personalidades destacadas de la cultura, algunos de ellos pandeazuquenses radicados fuera del Uruguay con reconocimiento internacional.

Financiación de Letras, y demás actividades sociales

La revista esta era parcialmente financiada por una donación de la Intendencia de Maldonado a la Comisión de Cultura, que se debía repartir entre las diferentes actividades que desarrollaban. En la búsqueda de la forma de conseguir más financiación para la edición de la revista vendían publicidad y también buscaron oportunamente colaboradores en el medio de la cultura. Así lo relata Z. Galletto, quien nombra al músico pandeazuquense Álvaro Pierri, reconocido a nivel internacional, que vivía en Europa y viajaba a esta ciudad a visitar a su familia; en una de estas oportunidades fue convocado por miembros de esta comisión como colaborador, y ofreció un concierto en la Vieja Bodega. En esa ocasión se necesitaban fondos para la creación de un jardín de infantes —necesario y que la ciudad no tenía— y gracias a la colaboración de este artista, con la venta de entradas para su concierto, se logró cubrir parte de los costos para esta obra.

Como se puede apreciar, el alcance del trabajo social de este grupo de ciudadanos era amplio y *Letras* fue el canal principal de difusión, ya que en ella se publican esta clase de proyectos y eventos.

Es importante destacar que esta revista no se vendía, sino que era distribuida al público presente en el momento de su presentación y luego se entregaban ejemplares en diferentes centros culturales de Maldonado. Las tiradas eran de quinientos ejemplares por edición.

Esta actitud marca claramente el interés de estos ciudadanos en la difusión más amplia posible de todo aquello que a su criterio era necesario para la recuperación de la memoria colectiva que afianzara su identidad cultural, acercándose a la normalización de la vieja libertad perdida a la vez que era, como lo expresa Alfredo Moyano, "testimonio de unos gustos, saberes e historia para las futuras generaciones".

Sección Documentos

Estaba muy claro en la conciencia de muchos vecinos que era necesaria la reconstrucción social y de la identidad. Tal como lo expresa el profesor Giménez, "la memoria colectiva hace a la identidad, esta memoria es para la sociedad lo que el cerebro es para el cuerpo y uno de los elementos que sustentan esta memoria es la territorialidad" (Giménez, 17).

Con relación a la memoria e identidad, la sección Documentos se inicia con el discurso pronunciado el 18 de marzo de 1986 por Ramón Guadalupe, entonces diputado por Maldonado. En ese homenaje al escritor Álvaro Figueredo, pide "el reconocimiento de este autor, poeta de importancia fundamental para Pan de Azúcar y Maldonado, de quien nunca se había destacado su valor de aporte cultural, tal como lo merecía, se le reconozca como uno de los grandes escritores uruguayos". Fundamenta sus dichos en un "breve comentario realizado por el crítico literario Arturo Visca en el libro *Poesía* en el que él mismo se referirá a Álvaro Figueredo como "uno de los mayores poetas uruguayos que no alcanzó el reconocimiento por haberse dedicado tan de lleno a la creación, sin tener en cuenta lo publicitario" (Barla, 1974)

Hará luego una enumeración de la obra de Figuereo, de los premios recibidos y los reconocimientos. Este discurso es muy emotivo, en él no deja de resaltar el aprecio que le tenía, nombrándolo como "compañero", resumiendo parte de su vida sencilla sin separarlo nunca de su ciudad natal, Pan de Azúcar.

Su pedido tiene dos puntos: que la obra literaria de este escritor sea incluida en los programas oficiales de Idioma Español, Expresión por el Lenguaje y Literatura, y que el Ministerio de Educación y Cultura publique la obra completa de Figueredo en la colección de "Clásicos Uruguayos" de la Biblioteca Artigas. Por último, pide que sus palabras, formato papel, lleguen al Codicen, a los Consejos Descentralizados de la enseñanza y al Ministerio de Educación y Cultura. (Revista N.°2, 1987, 9). Más adelante en el tiempo, este autor por fin será incluido en los programas de Secundaria. Sin dudas, Álvaro Figueredo es la figura más relevante de las letras para estos ciudadanos.

También en este mismo número y misma sección encontramos el discurso que pronunciara Álvaro Figueredo en ocasión en que Pan de Azúcar fuera declarada ciudad en el año 1961. Con un tono sumamente poético concluye con lo que nos da la certeza de la importancia fundamental del espacio geográfico para la formación de la identidad social y cultural:

> La piedra paternal está allí. A su sombra abro un libro y leo estas palabras que en enero de 1917 y en Roma, en viaje al sur de Italia y a su propia muerte escribiera Rodó: "La ciudad puede ser grande o pequeña, rica o pobre, activa o estática, pero se la reconoce en que tiene un espíritu. Porque ciudad es un valor espiritual, una fisonomía colectiva, un carácter persistente o creador".
>
> Así dijo el Maestro. Yo acato su mensaje. El villorrio se extiende. Se convierte en ciudad. Las generaciones se suceden. El cerro permanece, mojón de nuestra historia, sillar de libertades, tribuna del espíritu, numen de la Ciudad. (*Letras*, 1987, 10-11)

Sección Historia

Respecto a la territorialidad, en la sección Historia se puede apreciar claramente este tema. En el primer número de la revista anuncian: "A partir de la segunda publicación, en la Sección Historia, se comenzará a divulgar, para que todos los pobladores entren en conocimiento, trozos de testimonios o textos referidos al devenir paisajístico, humano, de Pan de Azúcar y su comarca. Selección y comentarios por D. P. O". (*Letras*, 1985, 41-44). Este artículo llevaba como título: DESCUBRIDORES VIAJEROS, DEMARCADORES...TESTIGOS DEL DEVENIR DEL PAISAJE. PAN DE AZÚCAR Y LA ACTUAL 'ZONA OESTE' DEL DEPARTAMENTO DE MALDONADO.

El primer artículo transcribe las primeras cartas de viaje de demarcación de estas tierras, ordenada por la corona española, sobre la base de los tratados de San Ildefonso de 1777. Así, sucesiva y progresivamente, número a número en *Letras*, irán dando cuenta de cómo surge este entorno reconocido por el nombre que lleva hasta la actualidad, llegando en la novena publicación a desenmarañar lo que, dicho por Alfredo, había sido un engaño que duró muchos años, respecto al verdadero fundador del poblado de Pan de Azúcar. El nombre había sido ocultado por diferencias políticas de la época. En el artículo de esta sección titulado "Entre el olvido y la historia" a cargo del profesor Enrique Marrero, se lee esta reivindicación del verdadero origen del pueblo. Los terrenos habían sido obtenidos por un trabajador rural que con su trabajo juntó suficiente dinero para comprar una parcela de campo y le entregó un poder a un escribano (Félix de Lizarza) para mensurar y vender dichos terrenos en su nombre. Aquí surgiría la confusión en la que el nombre del dueño de la tierra, Joaquín Márquez, fue ocultado. Luego de una exhaustiva investigación, en parte incentivada y guiada por la memoria transmitida de los primeros pobladores, se logró llegar a la verdad de los hechos. Justamente, este breve artículo culmina diciendo: "El objetivo básico se ha cumplido, reivindicar su nombre, ponerlo en la memoria histórica" (*Letras*,.1985, 41-44).

En esta misma sección de la revista n.°1 (1985), Domingo Piegas trata el tema del "Origen y significado del topónimo 'Pan de Azúcar'"(*Letras*, 1985, 45). Como lo expresa el título, se busca conocer el porqué del nombre de la ciudad y del cerro que la identifica. En este artículo que se inicia en un tono de relato poético, el autor conjetura sobre cómo habría sido visto este cerro, hoy cerro Pan de Azúcar, por los originarios de estas tierras y cómo por los viajeros españoles y portugueses, para luego, con un tono informativo plantear como "alguien" habría afirmado equivocadamente —y sido secundado por un periódico local— que "el topónimo Pan de Azúcar, del cerro epónimo, no proviene de los soldados portugueses que con Lecor pasaran por allí en enero de 1817, ni tampoco de los que con el general don Diego de Souza, acamparon en las cercanías del paso real del arroyo, el 17 de marzo de 1812" sino que, tras investigar, llega a saber que esta denominación es más antigua y de carácter universal, que la mención más alejada en el tiempo sería la que consta en el "reconocimiento" de la costa norte del Río de la Plata efectuada por el capitán Juan Hidalgo en 1717.

Es pertinente ver la importancia fundamental que tuvo siempre para esta sociedad lo cultural y la educación, lo que se ve plasmado a lo largo de todas las ediciones de esta revista. En la edición n.º 3 (1990), en esta misma sección, en un artículo firmado por German Baldo, se relata detalladamente el nacimiento del liceo de Pan de Azúcar. Su título, "Una cruzada por la cultura", ya nos adelanta el profundo significado de haber logrado tener un liceo, el que hoy lleva como nombre, Álvaro Figueredo. En su inicio fue nominado "Liceo Popular de Pan de Azúcar". Me parece fundamental para la comprensión del ánimo y sentimiento de aquella sociedad, transcribir de forma textual el comienzo del artículo:

> Cuando faltan ya, muchos de los protagonistas de aquella aventura, intentamos hoy, 45 años después, rescatar del olvido aquella atmósfera de abnegación y sacrificio que sacudió el ámbito pueblerino, en aquellos lejanos días, alentando el esfuerzo tenaz por alcanzar un sueño de superación para aquella juventud, que ansiosamente buscaba un camino. Se ha afirmado erróneamente, que el liceo comenzó a funcionar en abril de 1947, intentando ignorar un periodo de dos años de lucha intensa, en la que participó toda la población, respaldando con su esfuerzo entusiasta a su liceo que comenzaba a andar. (*Letras,* 1990, 46)

Este es solo el principio de un relato conciso y claro de cómo y quiénes gestaron este liceo en Pan de Azúcar, luego de grandes esfuerzos de particulares y familias vecinas, así como la presentación del proyecto ante el Gobierno.

En 1944 se iniciaron los cursos de 1.ºy 2.º, una vez lograda la aprobación para la instalación del liceo. Tanto el local como los materiales, así como administrativos y docentes, corrieron por cuenta de los pobladores de esta ciudad. Fue gracias al esfuerzo de todos estos actores que en el año 1947 se oficializa y habilita esta institución. La habilitación se fue haciendo gradualmente, curso a curso (1.º, 2.º, 3.º).

A este logro se puede agregar el de las Bibliotecas Populares de Pan de Azúcar, según se expone en el artículo de la misma revista y firmado por Brenda Bon de Serrón- Bibliotecaria (sic). En el texto afirma que, en un acta labrada el 16 de enero de 1908 por la Junta Administrativa de Pan de Azúcar, se dispone a ceder al Club Centro Progreso, para la formación de una biblioteca, todos los libros donados para este fin. Allí funcionó hasta que, cambiando de local llega, a instancias de la necesidad de la población, a fundarse el 4 de noviembre de 1982 la Casa de la Cultura con su Biblioteca Pública. Al final de su artículo expresa con claridad lo que la cultura significa para la identidad de una sociedad. Así escribía Brenda Bon: "Finalmente diremos que la biblioteca y la comunidad forman un todo, es decir, que están unidas indisolublemente en la búsqueda común de ser más" (*Letras*, 1990, 69).

Estos logros han quedado noticiados en *Letras,* devueltos a la memoria colectiva y como reserva de datos para su preservación las nuevas generaciones.

Sección Ensayos

Blanca Luz

Como una cuestión personal de identificación con la rebeldía femenina ante la opresión patriarcal, haré alusión a un ensayo realizado por Alicia Casas de Barrán sobre la escritora pandeazuquense Blanca Luz Brum (*Letras,* 1987, 34).

En la sección Ensayos se encuentra este escrito sobre esta poetisa pandeazuquense con un paratexto que dice: "Luces y sombras de una vida novelesca. Memoria y reconocimiento a una poetisa incomprendida e injustamente olvidada" bajo el título BLANCA LUZ.

Este ensayo da a conocer a una artista de esa ciudad con un gran acervo cultural que parece no haber sido reconocido de forma suficiente por su propio pueblo, quien trasciende con su arte y su vida puertas afuera de su lugar de origen. El ensayo, extenso, da cuenta de la biografía de esta mujer independiente, autodidacta, artista, pero por sobre todo mujer que se libera de todo prejuicio y enjuiciamiento moral y afronta la vida con pasión. De alguna manera me trajo a la mente a Delmira Agustini, mujeres de similar madera, con una gran diferencia en sus orígenes, cunas opuestas, pero con ese carácter subversivo de los valores de su época, que a una le costara la vida y a la otra el autoexilio. Mujeres, desde mi punto de vista, paradigmáticas, llamas que van atravesando el mundo hecho para los hombres y no les importa pagar el precio.

Este ensayo está escrito en conmemoración a su vida en momentos de su muerte a los 80 años, en una isla chilena. Blanca Luz Brum nació en Pan de Azúcar en mayo de 1905 en el campo, entre una familia pobre que no pudo criarla, por lo que su educación y crianza pasó a manos de una tía en una estancia. De infancia difícil y oprimida despegó a una vida apasionada y activa. Dice la ensayista Alicia Casas:

> Se llamaba Blanca Luz. Fue una constelación, iluminando con su pasaje inflamado de fervor libertario, el cielo de gran parte de América Latina. [...]. Podríamos llamarla la George Sand de América, pero también es, en otros aspectos, comparable con Dolores Ibárruri (La Pasionaria), heroína de la guerra civil española. (*Letras*, 1987, 34)

Con esta descripción de la poetisa ya dice bastante. Se habla de su belleza especial, y ese también debe haber sido uno de sus "pecados", al punto que opacaría su obra a ojos de la sociedad de su época. La ensayista transcribe parte de la autobiografía del libro llamado *Blanca Luz;* en él evoca su vida infantil y su adultez regresando a su pueblo:

> Crecí entre el rocío, las heladas y las alboradas de las primaveras, sobre arenosos y removidos ríos, enardecida y húmeda de sueños, como los rojos ceibos que arrastran la corriente, abierta y fragante como las flores de camalotes bajo los mediodías de fuego, entre vuelos y zumbidos de abejas. (*Letras*, 1987, 35)

Entrando en su vida adulta dirá:

> He llorado a gritos, he amado a gritos. He peleado y he regresado otra vez a esta ciudad sudamericana y todo estaba igual; sin perturbar el cielo ni las caras, los mismos rostros sin

> emoción, los mismos hombres en las calles... [...] He rodeado de amor mi vida, le he levantado piras de altos fuegos, de regidores llamas... y la ronda de la calumnia y de la envidia se ha ido quedando atrás, vagando con un fatigado aire lívido y pegajoso. He rodeado de amor mi vida, pero no de un amor de doméstica caridad cristiana, sino de un amor ardiente y revolucionario. Un amor de terca y denodada guerra al mal. (*Letras*, 1987, 35)

Es clara la conciencia que tiene de sí misma y la seguridad de haber vivido y amado con libertad. En relación con el destino de su escritura dice:

> Quienes van a leerme me interesan siempre que tengan algo de mi propio destino. No escribo para los escritores, ni para los gordos de buena digestión; escribo casi para los niños, casi para los árboles, creo, que, para los presos, para los enamorados, para los pobres, para los explotados, para los poetas, para mis amigos. (*Letras*, 1987, 35)

Este ensayo contiene información que abarca los acontecimientos más importantes y marcantes de la vida de esta escritora, desde su nacimiento hasta su muerte en su casa (regalo del gobierno chileno) en la solitaria y paradisíaca Isla Negra.

Sección Teatro

En esta sección, en el n.º 3, página 74 de la revista, se encuentra una carta dirigida a la revista, de un grupo de teatro denominado *14 Teatrando;* la nota consiste en un agradecimiento por la gran oportunidad que la revista les brindó de poder ejercer su vocación artística, ofreciéndoles el espacio físico y el medio para darse a conocer. Vale la pena transcribir algunas de sus palabras, que demuestran la validez en el aporte cultural de esta revista, que ve cumplido uno sus objetivos respecto a la reconstrucción social e identitaria, tal como lo manifiesta A. Moyano.

> Una breve historia o una gran fe en los jóvenes. Agradecemos a la revista este espacio que nos ofrece para darnos a conocer como grupo [...] En mayo de 1988, todo lo que teníamos eran expectativas, ganas de expresarnos y la convicción de que éramos capaces de lograr algo. Actualmente contamos con espacio físico del que disponemos con libertad. [...] Somos adolescentes y jóvenes de edades diversas, pero cada vez nos unimos más en el trabajo, al compartir la alegría y los problemas de los compañeros, nos vamos conociendo y aceptando, aprendemos el valor del respeto y la amistad. (*Letras*, 1990, 74)

Como este testimonio se pueden encontrar otros en los que se verifica lo acertado de esta iniciativa y los frutos que fue cosechando.

Conclusión

La realización de este trabajo ha constituido un desafío y una gran experiencia para mí como persona. Por él, no solo conocí la idiosincrasia de una sociedad, su formación desde sus orígenes, sus esfuerzos enfocados en lo cultural en la búsqueda de superación de sus pobladores a través de la educación y el trabajo, sino que también pude ver más de cerca y comprender eso de la lucha por la no pérdida de la identidad. Realmente los años de represión dolieron y calaron hondo, pero los hombres y mujeres aprendieron a sobreponerse y a resurgir con más fuerzas, con la conciencia clara de que quienes pierden su memoria pierden su identidad y sin ella quedan a la deriva en la vorágine de un mundo cada vez más salvaje, utilitarista y masificado.

Sin memoria no hay identidad, sin identidad no hay por qué luchar ni libertad posible. En el acercamiento que tuve a *Letras* y a algunas de las personas que lo hicieron posible, comprobé también como el arte salva vidas y sociedades enteras del naufragio en la nada y la maldad siempre acechante. Espero que siempre el arte, que también implica el arte de sobrevivir, encuentre el medio de expresión y personas que estén dispuestas a apostar a estas formas tan humanamente solidarias.

Bibliografía

Bourdieu, P. (1986). "Las formas del capital". En J. Richardson (Ed.), *Manual de teoría e investigación para la sociología de la educación* (pp. 241–258). Greenwood.

Candau, J. (2002). *Antropología de la memoria.* Ediciones Nueva Visión.

Collazo Ibáñez, M. "El papel de las revistas del SXX en la difusión de la cultura y en la historia de las ideas". *Letras - Uruguay.*

Entrevistas personales *realizadas al profesor Alberto Vaccaro, a Alfredo Moyano (cofundador de la revista Letras) y a Zulma Galleto (integrante de la Comisión de la revista Letras).*

Giménez, G. *Frontera Norte*, vol. 21, no. 41, 2009, México.

Melucci, A. (2001). Desafiando códigos: La acción colectiva en la era de la información. Cambridge University Press.

Revista Letras de la Comisión de Cultura de Pan de Azúcar, no. 1, 1985.

Revista Letras de la Comisión de Cultura de Pan de Azúcar, no. 2, 1987.

Revista Letras de la Comisión de Cultura de Pan de Azúcar, no. 3, 1990.

Sciolla, L. *Identidad: recorridos de análisis en sociología.* Rosenberg & Sellier. 1983.

Strauss, C. y Quinn, N. *Una teoría cognitiva del significado cultural.* Cambridge University Press. 1987.

Thompson, John B. *Ideología y cultura moderna: Teoría crítica social en la era de la comunicación de masas.* Universidad Autónoma Metropolitana. 1998.

M.A.T., espacio de multiexperiencia analógico: la escritura como experimento

Ailén Rodríguez

Una obra es siempre un punto de encuentro
tanto de la vida de un grupo como de la vida individual.

Lucien Goldmann

Autores, la escena acaba con un dogma de teatro:
en el principio era la máscara.

Antonio Machado

Los inicios

El Centro Regional de Profesores del Este (CeRP) abrió sus puertas en 1998 en la ciudad de Maldonado, otorgándole a los ciudadanos fernandinos y residentes de otras regiones del país la posibilidad de formarse como docentes de secundaria. A partir de la reforma educativa de Germán Rama, que propició la descentralización de la profesionalización docente, la creación del CeRP contribuyó a la fermentación de una etapa de desarrollo en las letras dentro del departamento. Maldonado se ha caracterizado desde hace tiempo como un territorio "en tránsito" (Di Leone et al., 10), donde conviven escritores, artistas y ciudadanos de otras partes del país y del mundo que contribuyen a la diversificación de la cultura y a la producción regional y nacional.

Entre los alumnos que conformaron las primeras generaciones de las carreras de Profesorado de Idioma Español y Literatura se encuentran Damián González Bertolino, Valentín Trujillo, Ignacio Fernández de Palleja, Rodrigo Almeida y Felipe García Salaberry; editores de la revista literaria *M.A.T.* No solo es destacable el impulso creativo de algunos de los estudiantes del CeRP, sino que la creación de dicho centro estableció puentes y facilitó el encuentro entre jóvenes creadores quienes movilizaron la producción literaria y artística dentro del departamento. La visión macrocefálica sobre la capital como única oportunidad educativa y sustrato de propuestas literarias y artísticas es desplazada o, mejor dicho, comienza a desplazarse, y los diferentes sectores del interior del país comienzan a identificarse como espacios de creación simbólica.

Nos encontramos a fines de los noventa, palpita el cambio de siglo. Aun así, persisten las ideologías, cosmovisiones y contradicciones propias de una época cuando aún no existía una democracia plena y los límites sobre la libertad de expresión se tornaban difusos. El nacimiento de los escritores se sitúa dentro del período que abarca la finalización de la dictadura militar y el plausible retorno a la democracia. Los hechos acontecidos en ese momento conformaron el terreno en el cual se resolverían las personalidades de los jóvenes escritores. El posible retorno a la democracia, en su momento, generó una retórica partidaria, no solo condicionada por la Ley de Caducidad, sino que el concepto de democracia fue caracterizado por la fragilidad y se encontró en disputa. "Muchas democracias" eran posibles debido a la proliferación de discursos. Sin embargo, ninguno debía correr el riesgo de romper el consenso democrático, debía conservarse lo que, aún frágil, al menos se encontraba fuera del período dictatorial. A partir del miedo por perder una democracia a medias, dentro de la sociedad, y más concretamente en los jóvenes, se hacía visible aquello que se mencionó al comienzo: la contradicción y los límites establecidos entre la protección de dicha democracia y el ímpetu por hacer y decir lo que fuera de su antojo.

Por otro lado, incógnitas relacionadas con los avances del primer mundo generaban controversia sobre la condición del América Latina en comparación con América del Norte y los países de Europa, el afán por querer buscar otros horizontes culturales, políticos y sociales era propio de los jóvenes artistas de esa época. Esta búsqueda de nuevos horizontes conlleva una estrecha relación con la búsqueda de una voz propia y de propuestas con las cuales se sintieran reflejados e identificados.

Acontece un cambio de sensibilidad asociado a una actitud *posmoderna* en oposición a épocas anteriores, en las cuales se incita a huir del pasado dictatorial que aún se encontraba en los albores del miedo. Dicha actitud se caracterizaba por la multiplicidad de lenguajes, códigos y medios expresivos dentro de las obras de arte: la perfomance, el happening, la narrativa urbana y el realismo sucio, el graffiti, el rock, el punk, la vanguardia sexual y erótica, la cultura de masas, entre otros, tuvieron su origen en el *pop art* en los años sesenta y en los movimientos de vanguardia europeos. La actitud posmoderna de los jóvenes de los años noventa se asemeja en estrecha relación con el surgimiento del posmodernismo en los sesenta, época dotada de interés sobre el futuro y la ruptura de fronteras.

La condición polimorfa de los movimientos artísticos y literarios de la época apuntaban a la creación de una contracultura y a una visualización de la *otredad* que amenazaban el canon y la tradición pero que, a su vez, problematizaban el cómo y dónde situar al arte. A partir de estas disyuntivas, el ámbito del arte independiente, caracterizado por una tendencia política de izquierda, cobró mayor fuerza y abarcó la mayoría los sectores artísticos; por ende, los agentes artísticos condicionados por lo económico se asociaron a esta forma de producir obras, muchas veces partiendo de la generación de proyectos. Los sectores artísticos se tornaron dependientes de lo independiente. Es un momento de indefinición de dichos preceptos y una época caracterizada por la tensión dentro de la polifonía, entre la cultura de masas y el arte *elite*.

La historia está en manos de quien se encuentra avalado para contarla. Sin embargo, la canonización de los discursos acarrea otros discursos periféricos. No existe un solo punto de vista, se problematiza la perspectiva única y, por ende, se rompe el ideal del hombre y este se encuentra indefenso ante la fragmentación de la historia, a partir de la caída de los grandes relatos y del discurso social.

El fin de los años noventa y el período finisecular que acarrea el pasaje del siglo XX al siglo XXI se caracterizan por la crisis, la turbulencia y la búsqueda de discursos paralelos. La pluralidad del conocimiento acarrea la desintegración del pensamiento y, por momentos, las voces minoritarias se hacen oír. Es interesante pensar qué voces dentro de Uruguay son las que se encuentran más invisibilizadas: aquellas que residen en la periferia. Cuando hablo de "periferia", me refiero a los departamentos del interior del país.

Al comienzo se hizo referencia a la condición macrocefálica de Uruguay, vuelvo a retomarla para evidenciar lo dicho anteriormente: Maldonado, uno de los departamentos del interior, podría ser considerado como una de las tantas periferias del país en relación con la predominancia de los discursos montevideanos. Y desde aquí parte uno de los impulsos, quizás en el momento de forma inconsciente, de la creación de la revista *M.A.T.*: centrarse en los fenómenos y discursos que se encontraban fuera de Montevideo y distinguir al escritor urbano del escritor del interior.

Damián González Bertolino, Valentín Trujillo, Ignacio Fernández de Palleja, Felipe Augusto María García Salaberry y Rodrigo Almeida conformaron aquel grupo de jóvenes editores de la revista *M.A.T.* Influenciados por el contexto de los años noventa y el período finisecular en el cual estuvieron presentes, los jóvenes creadores del *M.A.T.* buscaron un medio de expresión que se adaptara a la conformación de cosmovisiones sociales y experiencias estéticas propias que devinieron en la construcción de un espacio literario representativo, autónomo y efímero.

La revista: Medio de expresión juvenil

Resulta interesante pensar en el dispositivo utilizado por el grupo de escritores de *M.A.T.* para publicar sus producciones literarias. Pudo haberse tratado de uno o varios libros de cuentos o relatos breves, poemarios acompañados de ilustraciones o fotografías; sin embargo, optaron por el formato de revista literaria, revista *collage* o *fanzine*, como la llaman sus editores.

Toda revista hunde sus raíces en su tiempo y cultura determinados, constituyéndose como un producto que da cuenta de las ideas de una generación, de una época, y como un dispositivo encargado de la difusión de los preceptos culturales y políticos del grupo que la construye. El carácter colectivo de la revista supone un espacio de convergencia de pensamientos y, por ende, se establecen diferentes relaciones discursivas que, a su vez, conforman un sistema polígono y autónomo.

Si bien la revista ocupa un lugar físico y computable al igual que el libro, parafraseando a Barthes, se encuentra establecida por el canon literario dentro de la periferia y disminuida a "cosa de jóvenes" (Osuna). Aquí se establece la primera relación entre ambos sectores periféricos: las revistas y los jóvenes del departamento de Maldonado. Al igual que los jóvenes del momento, los editores de *M.A.T.* buscaban formas de reivindicar un lugar propio y la revista se constituyó como el portavoz de ese grupo ya que la dimensión creadora de este sería imposible expresarla en un acto único. Las revistas nacen y mueren en el momento de ser publicadas, poseen de manera intrínseca un dinamismo propio debido la confluencia de los distintos discursos, y es vista como objeto de consumo por los medios de comunicación y los posibles lectores. Pero, si bien el carácter efímero de las revistas en general se encuentra dado por la periodización de los diferentes números que componen una serie, *M.A.T.* funcionó como testimonio de un quehacer y dejó constancia del presente en el cual se encontraba.

No debemos dejar de tener en cuenta la complejidad del período finisecular, y más específicamente la particularidad de la crisis financiera entre los años 2001 y 2002 dentro del territorio uruguayo. Fueron años de constante actividad política y acción colectiva; movimientos populares, luchas reivindicativas, huelgas estudiantiles, movimientos anárquicos y de izquierda, buscaban formas de hacerse oír ante la inminencia de los medios de comunicación. Las más veces, los medios de comunicación masiva estuvieron encargados de sancionar los movimientos sociales catalogándolos como delictivos o, por el contrario, condenando las decisiones provenientes del Estado y del gobierno de turno, en ese momento encabezado por Jorge Batlle.

Los medios, las editoriales y las producciones periodísticas, dependiendo de la postura ideológica adoptada, eran los encargados de sancionar de forma pública a los diferentes agentes de la sociedad, sea el pueblo, sea el gobierno. De aquí devinieron las "distintas crisis" (Uval) dependiendo de las narrativas presentadas por la prensa, quién condicionaba la percepción y construcción que los lectores pudieran hacerse de la situación. "Son los medios, más que los historiadores, los que crean modelos de historia, y nos trasladan una determinada imagen de ella" (Uval, 45).

La memoria nos remite a un marco social y a su vez, la historia es creada a partir de múltiples memorias, dentro de la cuales se encuentran los discursos periféricos, el discurso de los jóvenes. Encuestas realizadas a los jóvenes del momento afirman que no existía comunicación entre los adolescentes y los gobernantes, por ende, la participación política de los estudiantes era baja. Vuelve la pregunta que refiere a cómo hacerse escuchar y cuáles son los medios para lograrlo.

Es en la revista, entendida por excelencia como un género discursivo cultural, que los editores del *M.A.T,* quienes afirmaron sentirse muchas veces discriminados o dejados a un lado dentro del Centro Regional de Profesores del Este, aquellos "bichos raros" abanderados por la reforma de Rama, encontraron un espacio que respondía a la pregunta planteada.

A diferencia de otros dispositivos de lectura, la revista posee la particularidad y, si se quiere, la ventaja y posibilidad de presentarse en formatos versátiles, analógicos, caseros, lúdicos, no convencionales, como quizás no podría suceder con la publicación de un libro, el cual, las más de las veces, se atiene a determinadas reglas estéticas o tradicionales debido al carácter formal que suele adjudicársele.

De la mano de lo recién mencionado surge el elemento económico; resultaría, sea cual fuere la época en la cual nos encontremos, más costosa la impresión de un libro junto con todos sus elementos paratextuales y editoriales que la impresión de una revista como *M.A.T.:* revista literaria, revista *collage* o *fanzine,* son las designaciones, ya mencionadas, que recibe el objeto de estudio en cuestión.

La revista fue impresa en el kiosco Hojas, ubicado en Ledesma, entre Sarandí y Francisco Acuña de Figueroa, el cual pertenecía a la madre de Felipe García Salaberry. Luego de asegurarse de que su progenitora no estuviera presente o merodeando por allí, comenzaba la impresión. El mencionado kiosco no solo fue designado para la impresión de los números de *M.A.T.*, sino que funcionaba como lugar de encuentro de los jóvenes escritores; allí se llenaban el estómago de muzzarellas, realizaban debates cinematográficos, producían textos, relatos, cuentos, poemas, fotocopiaban ilustraciones, pinturas, escaneaban elementos designados para las portadas de los números de la revista, reescribían y completaban obras de sus compañeros o creaban relaciones epistolares entre texto y texto.

Si nos detenemos a visualizar la imagen recreada nos remitiremos a escenas de *La sociedad de los poetas muertos,* donde abundan los deseos, inseguridades, encuentros lúdicos y efímeras certezas de jóvenes de su tiempo. Aún más cercano a nosotros en términos geográficos, podríamos remitirnos a *25 watts,*[17] en la cual aflora y abunda la típica escena de los *films* uruguayos en los que, a simple vista, nada sucede; jóvenes que rondan por la ciudad en el 2001, sin expectativas más allá de la experiencia momentánea y el placer de la experimentación. El *M.A.T.* significó para sus creadores un lugar de experimentación literaria y estética, pero también lúdica, un espacio apartado de las ocho horas diarias que exigía el CeRP, un lugar de encuentro sin expectativas mayores que pasar el rato, crear producciones literarias y compartir lecturas.

Volviendo al factor económico y al formato de la revista, el *M.A.T.* se constituyó como una revista casera y analógica compuesta por fragmentos de manuscritos. Los números se imprimían en hojas *oficio,* las más veces sus textos eran escritos en máquina de escribir; quienes podían, escribían en computadora. Figuraban ilustraciones realizadas por colaboradores, las cuales eran escaneadas; también se encontraba la presencia de fotografías tomadas por los propios editores u otros conocidos, familiares o amigos; pinturas o cuadros de artistas reconocidos; imágenes recortadas de escritores, grupos musicales y variadas figuras políticas y artísticas.

El sistema verbal de la revista, desde su condición de *collage,* se establece mediante la totalidad de los múltiples discursos allí presentes. El efecto que produce el *M.A.T* se configura a partir no solo de los discursos textuales y literarios, sino que se nutre de discursos tipográficos, sociales,

[17]Película uruguaya dirigida por Juan Pablo Rebella y Pablo Stoll y estrenada en Uruguay el 1.° de junio de 2021. Tres adolescentes (Daniel Hendler, Jorge Temponi, Alfonso Tort) piensan en sus futuros mientras viven en un adormilado vecindario de Montevideo, Uruguay.

visuales, artísticos y políticos que llevan a una decodificación más compleja de la revista en la cual los escritores devienen en diseñadores. Considero importante destacar lo rudimentario de la creación de la revista, no solo por el factor económico condicionante y las carencias tecnológicas presentes en ese momento, sino porque las formas de trabajo utilizadas en relación con la creación, el diseño, la publicación y la difusión de los números de la revista llevó a este grupo de jóvenes a encontrarse involucrados en la totalidad del proceso. Hasta hoy en día, la forma abordar y llevar a cabo proyectos artísticos en algunos sectores de Maldonado se diferencia notablemente de la forma de proceder montevideana. Mientras que, en la capital montevideana, por lo general, se dispone de fondos, llamados culturales, mayor cantidad de espacios independientes generadores de oportunidades y cierta estabilidad económica que sustente el proyecto, en Maldonado todo se vuelve más rudimentario, más casero, más "hacer con lo que se tenga a mano". Me parece oportuno, entonces, considerar al grupo de jóvenes editores de la revista *M.A.T.* pioneros de un modo de crear y movilizar productos artísticos y literarios que con el devenir del tiempo fue reproducido y aún persiste, quizás en algunos recónditos lugares de Maldonado, pero aún persiste.

La heterogeneidad que presenta *M.A.T.* en su composición no solo se debe a decisiones estéticas y temáticas;[18] el departamento de Maldonado, como ya se mencionó, se caracteriza por ser un territorio multicultural en el cual conviven personas de diferentes departamentos del país y de diversas nacionalidades. Los escritores de la revista en cuestión, si bien todos estuvieron radicados en Maldonado en su momento, también comparten esta característica. Damián González nació en Punta del Este en 1980, Valentín Trujillo y Felipe Augusto García Salaberry, en Maldonado en 1979, Ignacio Fernández de Palleja y Rodrigo Almeida nacieron en el departamento de Treinta y Tres, el primero en 1978, el segundo en 1981. Las identidades literarias y estéticas de cada escritor se construyeron y confluyeron en la revista junto con las de sus compañeros propiciando, a

[18]Sobre las cuales se profundizará más adelante.

partir del *collage*, una fuente de significados inagotables. Significados inagotables pero también fragmentados al romper con la sintaxis de las publicaciones corrientes o comerciales; la linealidad no es un factor que sea predominante en la revista *M.A.T.*

Retomaré algo ya aludido sobre los escritores: estos jóvenes recurrían a la creación de la revista como un escape o salvación de la realidad cotidiana que los rodeaba y, a veces, abrumaba. La soledad, sensación que caracterizó la vida de algunos de ellos, era el *leitmotiv* de la expresión. Podemos concebir a *M.A.T.* como un "caos ordenado" a través de la superposición de elementos, una escenificación de la vida, "una emulación de cómo se percibe la ciudad y cómo perciben ellos su vida misma, realidad en pedazos, identidad en trozos de aquí y allá" (Analco, 74). El vértigo, uno de los objetivos estéticos del *collage,* pudo encontrarse presente y haberse adquirido como una sensación propia de los miembros de *M.A.T.*; resultado de las condiciones políticas y económicas, el período finisecular y la edad compartida de los ahora escritores.[19] El vértigo como experiencia inmediata se encuentra en estrecho contacto con los sentires jóvenes del momento, la instantaneidad y lo efímero, pero también se genera ante las incógnitas suscitadas acerca de lo que significaba la vida fuera de este grupo de amigos reunido por el Centro Regional de Profesores del Este.

El carácter lúdico es otro de los elementos que caracteriza al *M.A.T* y que este comparte con el *fanzine.* La revista surgió del juego, de la experimentación, como un ejercicio literario en donde nada se perdía, nada se ganaba, se trataba de exponer al mundo ideas, vicisitudes, juegos lingüísticos y enfrentamientos literarios. Se utilizan juegos de palabras, por ejemplo, para referirse a las conocidas "malas palabras" se unifican dos conceptos: "palabrutas" o aparecen juegos mediante la utilización de paréntesis en los títulos de los relatos, por ejemplo, "In(c)(v)itación a un lector". Es en el número II, que el título del relato "El herror" conlleva un error ortográfico al utilizar la "h" y establece una redundancia o pleonasmo que

[19] Los miembros del *M.A.T.* comparten la misma zona de fechas. En ese momento las edades de los integrantes se encontraban entre los 21 y 23 años. Este momento puede ser considerado como un proceso de descubrimiento de la identidad ideológica y estética.

dirige el foco a aquello que está mal, al error. El juego es entendido como una actividad libre, no procede de ningún mandato, por ende, el juego se aleja de la vida corriente y solo juegan quienes desean hacerlo; consiste en escapar por un rato de la cotidianidad circundante y posee reglas propias e intrínsecas.

El *fanzine* es considerado un espacio de juego inventado desde una impronta caracterizada por la rebeldía, en la que se tergiversan las leyes avaladas por la literatura canónica y se inventan otras, donde los dialectos periféricos resuenan y cobran nuevos significados; se constituye como un campo que ahonda en la diferencia desde el lenguaje y se subvierte la norma a partir de la cual se inventan nuevas reglas que cobran sentido dentro del campo mismo. La revista literaria *M.A.T.*, desde su espacio material y simbólico, puede ser considerada, por momentos, como un *fanzine* ya que "tiene una estética subterránea, una estética diferente a la de una revista bonita con fotos a colores, los *fanzines* son fotocopias, con artículos y *collages*" (Analco, 83).

M.A.T., campo multifacético

En relación con el espacio material, *M.A.T.* cuenta con una colección de seis números y uno póstumo:[20] los primeros seis números fueron publicados en el correr del año 2001 en los meses de febrero, marzo, abril/mayo, junio, julio/agosto y septiembre, mientras que la edición póstuma fue publicada en marzo del 2002. Todos los ejemplares, sin ser el póstumo, poseen una extensión similar: entre cuarenta y cincuenta páginas; el último posee el doble. A su vez, todos los ejemplares, sin ser el primero, tenían un valor de $ 20 uruguayos. Las publicaciones pertenecen, según los editores, a ediciones Comsa.

En relación con el espacio simbólico, la hoja oficio, utilizada para la impresión de todos los ejemplares, se encuentra divida en dos y de esta forma la revista adquiere la forma de tal, junto con sus páginas numeradas. Todas las ediciones respetan un formato similar: a veces acompañadas de

[20] Otro ejemplar fue publicado luego del póstumo; este ha sido extraviado entre el papeleo de los escritores.

la presencia de algún fragmento de texto o un poema que poseen una fotografía en la portada y en la contratapa. Estas varían entre fotografías caseras, realizadas por los mismos autores, imágenes recortadas de diarios o revistas, ilustraciones o dibujos. Al comienzo de cada *M.A.T.*, el editorial da la bienvenida al lector a través de una carta acompañada o no de elementos visuales.

El espacio simbólico de la revista es aquel poseedor de significación y donde los distintos materiales se organizan, donde los diseñadores "meten mano". Osuna compara los espacios simbólicos de las revistas con otros espacios como un aula de clase o un teatro, en los cuales la posición de los sujetos en relación con el todo cobra distintos significados dependiendo de cómo se organice el mismo espacio y cuales sean las relaciones interactivas establecidas.

El discurso hemerográfico de la revista literaria posee lenguajes fragmentarios que se expresan al unísono y que, a su vez, posee diferentes subdiscursos, ya mencionados, como el artístico, el social y el literario. *M.A.T.* es considerada primeramente como una revista literaria, si tenemos en cuenta los intereses e inclinaciones de sus editores, sin embargo, la utilización del espacio proxémico dentro de la revista evidencia relaciones y tendencias hacia la revista *collage* o el *fanzine*. Esto no quiere decir que pierda su connotación y objetivo primordial; al contrario, los diferentes lenguajes seleccionados y utilizados dentro de la revista alimentan el universo simbólico allí expuesto.

La organización de los textos literarios dentro de la revista por momentos se asemeja a la composición formal y convencional de una revista literaria; página a página los relatos, cuentos y poemas son ubicados en el centro u ocupan toda la página de tratarse de textos en escritos en prosa. Los mismos editores comienzan afirmando que la revista se compone de fragmentos de manuscritos y que posee el carácter de una revista literaria. Número a número varía la cantidad de textos en prosa y en verso y se evidencia la progresión artística, original y creativa de los escritores.

A medida que avanzan los ejemplares de *M.A.T.* los autores van incluyendo diferentes técnicas artísticas provenientes de las vanguardias plásticas y literarias: caligramas, *collages*, inversiones de página. La organización de los poemas varía y se asemeja a la organización de poemas futuristas y dadás, en los cuales la ubicación de las palabras acompaña el aspecto fónico que producen los textos líricos. Este rasgo vanguardista mantiene estrecha relación con un sentimiento juvenil.

Podría pensarse también que su organización espacial se da simplemente por cuestiones de orden y de generar un todo integrado evitando algunos espacios en blanco dentro de la página, aunque es válido tener en cuenta que, desde un punto de vista enfocado en el estudio proxémico, la desocupación del espacio cobra significados y el espacio en blanco colabora con la simetría del montaje. Se invita al lector a posicionarse sobre cuál es la forma de lectura que desea adoptar. El discurso de la revista, desde esta perspectiva, posee un fuerte carácter receptivo y otorga al lector la toma de decisión sobre qué tipo de lectura quiere realizar. Las características del discurso total de la revista, del discurso hemerográfico, no solo pertenecen a connotaciones y a un disfrute estético, sino que, implícitamente, los escritores del *M.A.T.* invitan a sus lectores a adentrarse en un formato de lectura desligado de las convenciones de la academia. Se trata de una búsqueda de posibilidades acerca de cómo escribir y leer literatura a partir del juego y del disfrute sin perder calidad literaria.

Al final del número IV se incluyen cartas de los lectores. Este hecho habilita la comunicación entre los lectores y de sus creadores con otros lectores. Se tienden puentes de correspondencia y creación entre los jóvenes (o no) que también algo tienen para decir y quizás no poseen dispositivos o plataformas que los habiliten. A partir de la posible pregunta "¿Quién más quiere hablar?" o "¿Qué tienen los lectores para decir?" surge una nueva esfera que incluye voces situadas fuera de la revista que contribuyen a dotar de significado y se adentran en su espacio lúdico.

En el número V los editores anuncian que las cartas de los lectores serán recibidas en una urna en la recepción del CeRP. Ironizando y burlando la recepción de la revista, los editores dejan un espacio en blanco al comienzo del número para las cartas de los lectores, sin embargo, allí no hay ninguna carta. De esta forma el espacio en blanco funciona como una estrategia lúdica que da lugar a lo risible, donde los editores esperan cartas que no fueron escritas; será acaso que nadie los lee, a nadie le interesa lo que escriben o, simplemente, los lectores no tienen nada que decir al respecto. Este vacío también se vincula con la incertidumbre que genera la hoja en blanco, el no saber qué decir, y los escritores ponen de manifiesto ese vacío, esa incógnita, ese no saber, ese hueco. Legitiman y se apropian de un momento de silencio; condición característica de algunas voces periféricas. De todos modos, resulta cómico pensar que, teniendo en cuenta la apariencia informal y la heterogeneidad desde la cual está construida la revista, por momentos se imposibilita una delimitación de lo que es o no una decisión estética; existe la posibilidad de que muchos elementos analizados, en realidad, sean errores de mano de obra.

Otro aspecto que se repite es la corrección de forma manual sobre lo escrito en computadora o a máquina de escribir: anotaciones, comentarios, oraciones tachadas, borroneadas o tapadas con tinta. El texto impreso es intervenido y cobra un nuevo significado al dialogar con los agregados manuales, lo cual demuestra una intención abocada al cambio y a la desprolijidad. Número a número las imágenes que acompañan los textos comienzan a prosificarse; cuadros, pinturas, fotografías tomadas por fotógrafos reconocidos, fotografías de los mismos escritores, familiares o amigos, fotografías basadas en los poemas de los propios poetas o tomadas del ambiente cinematográfico, ilustraciones, dibujos propios de los escritores y de dibujantes reconocidos o colaboradores de la revista, acompañan el *M.A.T.* y le otorgan el carácter de *fanzine*.

Al final del número II aparece un collage con artistas musicales, escritores, dibujos animados, series televisivas, entre los cuales se encuentran Borges, Jesús de Nazaret, Los Ramones, Condorito, James Morrison, Los Teletubbies, Maradona, Frank Zappa, Gardel, Alfred Hitchcock, Marilyn Monroe, Carlos Gardel y Los Beatles. La mezcla de géneros musicales como, las figuras literarias de referencia compartidas, las animaciones e historietas permiten adentrarse al lector en el universo cultural que formó parte de los escritores en su juventud, un universo cultural fragmentado y, a su vez, compuesto por identidades varias que dotan de significación la atmósfera de la revista. Se manifiesta la noción de "caos ordenado" que por momentos produce una "estética del abigarramiento" (Analco) similar al diseño del *comic* o historieta.

Este tipo de estética está complementada desde la subversión de las reglas del lenguaje y la caligrafía, se intenta comunicar un mensaje ahondando en la diferencia: en el número VI de la serie, llegando al final de la revista, aparece un titular formulado a partir del mecanismo del "recorte y pego", donde las letras que componen el titular provienen de otras revistas u otros soportes de texto y son utilizados de forma que conformen una unidad. La estética del abigarramiento sobre la que se hizo mención se trata de llegar a una composición artística utilizando diferentes soportes y materiales; una estética de "lo mal hecho" que tiene sus orígenes en la vanguardia europea y se conforma desde una lógica diferente, desde una estética de lo *antiestético* que hace al centro de la revista y, de la misma forma, sostiene un discurso que avala el formato elegido.

En su artículo "Cuerpos en papel: la representación del cuerpo juvenil en el fanzine", Analco Martínez cita a Machado, cuando el autor asocia la dimensión lúdica y performática de la cultura juvenil con el resurgimiento del arte barroco:

> En todo arte barroco hay una propensión manifiesta a la apertura. En la música, en la pintura, en la escultura o en la literatura hay una llamada al éxtasis de los sentidos. La desenvuelta apertura de formas se manifiesta en el barroco mediante el radicalismo de lo inventivo, lo arbitrario, lo no estipulable. Mediante técnicas de densificación de la expresión del lenguaje. [...] El lenguaje barroco —tanto en términos plásticos como literarios— se desarrolla, en su urgencia comunicativa o en el estímulo a la flexibilidad de estructuras, en torno a tres vectores principales que, actualmente, caracterizan también muchas manifestaciones de las culturas juveniles: lo lúdico, el énfasis visual y lo persuasorio. (Analco, 28-29)

A partir de la manifestación lúdica y performática del lenguaje que aquí se retoma, los jóvenes escritores se adentran en la creación de *heterónimos*, los cuales se constituyen como los narradores y poetas de la revista *M.A.T.* De esta forma, los escritores, narradores y poetas, pasan a consolidarse como editores de los textos de los heterónimos creados. La pregunta autoral "¿Quién habla?", realizada por Foucault en 1978 en su artículo "¿Qué es un autor?", se retoma para ser problematizada dentro del campo establecido a partir de máscaras de personaje.

En el contexto que engloba la posmodernidad, la figura del autor se convirtió en un terreno favorable de ser resemantizado a través de la condición del sujeto mismo y de las posibilidades del lenguaje que este manipule. Si bien los jóvenes creadores tenían naturalizada, o ni siquiera se problematizaban, la diferencia entre la figura del autor y el narrador, se produce en ellos un desdoblamiento como editores y un desdoblamiento, desde la perspectiva de Freud, que abarca la manifestación de los posibles *yoes* escindidos de una persona y que deviene en la construcción de un Otro constituido con una identidad propia a partir del concepto de *máscara* de Lévi-Strauss.[21]

Los integrantes del *M.A.T.* se apropian y retoman aquel juego configurador de personalidades literarias iniciado por Fernando Pessoa. Crearon un mundo semiológico partiendo de las características propias de los autores y haciéndolas convivir a través de su propia metamorfosis. A cada autor (editor) pertenecen uno o dos heterónimos. Permítaseme presentarlos: Norberto Llarvi (Damián González Bertolino), Héctor Pascale (Valentín Trujillo), Carlos Pérez de Alcántara (Ignacio Fernández de Palleja), Fran Bech (Rodrigo Almeida), Robert Jones y Augusto Salaberry (Felipe García Salaberry). Mientras que los autores se encuentran temporalmente ubicados en el año 2001-2002, las fechas que figuran en los escritos dispersados de los heterónimos ubican a estos personajes en la época que va desde 1950 a 1980.

La construcción de heterónimos se relaciona con la fuga del realismo compartido por un grupo o del realismo en sí, el cual es sustituido por otro tipo de realismo, poseedor de reglas intrínsecas y coherencia interna.

[21] Volveré sobre este concepto más adelante.

A diferencia de otros modos de encubrimiento de la atribución autoral, la construcción de un heterónimo se asemeja a la composición de un personaje, a la *dramatis personae:* a través del traspaso de los límites ontológicos, la presencia de un nuevo personaje o sujeto cobra vida en un plano ficcional. El heterónimo se encuentra edificado mediante la atribución de características propias que le otorgan una identidad al sujeto, se nutre de reforzadores de la verosimilitud a partir de la creación de biografías, etopeyas ficcionales, comunicaciones espistolares, manifiestos, diarios íntimos, entre otros. En el número I, Héctor Pascale realiza una biografía de Norberto Llarvi y da a conocer las características de ambos y el inicio de su vínculo estimulado por el interés de Llarvi de escribir una revista. Otro ejemplo es el retrato de Llarvi que realiza Martin Devita Tarela.

La figura de autor es "suplantada" por la figura producida. Es aquí que cobra sentido la incógnita planteada por Foucault, pues se vuelve imposible saber hasta qué punto existen características compartidas entre el autor y su(s) heterónimo(s).[22] De todos modos, pueden realizarse hipótesis acerca de los posibles rasgos compartidos a partir, por ejemplo, de comentarios realizados por los mismos integrantes. Es el caso de los "silencios importantes", percibidos por el grupo dentro y fuera de la revista, que comparten Fran Bech y Rodrigo Almeida. Se establece aquí una sensación de espejo entre autor y heterónimo, ambos se destacan por emitir silencios prolongados, pero también se estable el espejismo mencionado entre el resto del grupo de los editores y los demás heterónimos, quienes son testigos de los silencios. No solo se traspasa un significado en relación con la figura del autor y su heterónimo, sino que esa transposición, a partir de un elemento, se da en la totalidad de ambos grupos: editores y heterónimos.

En el número I, el personaje principal del relato "Léase Wells" de Llarvi tiene estrecha relación con la profesión de uno de los creadores de los heterónimos: Damián González Bertolino. Los límites entre la realidad

[22] Si bien una entrevista fue realizada con algunos de los integrantes de la revista, el objetivo de esta no apuntó a esclarecer esta incógnita. Por cuestiones de tiempo en la entrevista y decisiones metodológicas, opté por dejar abierta la posibilidad de hipotetizar acerca de las capas de significado compartidas entre la realidad y la ficción.

y la vida de los autores se ven difuminados en relatos que incluyen, o posiblemente incluyan, experiencias propias de los autores traspasadas a sus heterónimos. Los niveles de realidad y ficción se comparten a través de los vínculos establecidos fuera y dentro del campo de la revista.

El origen del juego sobre el encubrimiento de la atribución autoral se remonta a la utilización de la máscara en los orígenes del teatro, mientras que se resemantiza en el contexto histórico y sociopolítico a comienzos de siglo XXI. Hablar estratégicamente de lo que no se encuentra avalado por las convenciones sociales y estéticas resulta ser una estrategia posmoderna: el componente lúdico de la máscara permite expresar y, de la misma forma, encubrir pensamientos o ideologías censuradas debido a que a través de la utilización de la máscara se desplaza la identidad definida dentro de la comunicación dada por el nombre, el reconocimiento previo y la presencia corporal. La autoría de los discursos ya no es asignada a una figura concreta y delimitable y por momentos se constituye como una táctica de resistencia.

Es el caso del cuento "El violador" de Robert Jones[23] en el número I. El punto de vista de la narración pertenece a la perspectiva de un violador, quien también funciona como narrador. Dentro del cuento el narrador-personaje narra, desde su propia experiencia, los crímenes de abuso sexual que cometió contra jovencitas y adolescentes; también se complace en explicar el porqué de su disfrute sobre las tendencias abusivas que posee y da una serie de consejos sobre cómo perseguir, acosar, secuestrar y, finalmente, violar a una mujer. Todo el cuento se encuentra plasmado de detalladas descripciones plagadas de un lenguaje con fuertes connotaciones sexuales, bruto, sádico, violento, enfermizo y repugnante en relación con el placer que le produce cometer delitos sexuales y su gusto por adolescentes mujeres. El cuento finaliza con una advertencia al lector: "Si por

[23] Dentro del marco de este trabajo y a partir de la entrevista realizada a los escritores ahora se encuentra en conocimiento la entidad creadora de los textos pertenecientes a cada uno de los heterónimos, pero no debemos olvidar que en su momento de publicación las identidades y relaciones de autor-heterónimo ahora conocidas eran ignoradas por los lectores. Los lectores pudieron formular hipótesis acerca de la procedencia de los textos, la duda ante la autoría de las obras narrativas y poéticas podría ser adjudicada a uno de los integrantes por diferentes motivos, pero permaneciendo en el plano de la hipótesis.

esas casualidades en el correr del relato tuviste una erección o una lubricación, te aconsejo que o bien te masturbes o bien acudas a un profesional. Porque así empecé yo" (Jones, 9).

Este cuento se encuentra publicado, luego de la bienvenida de la editorial y un par de poemas, en la tercera hoja de primera edición del número I de la revista. Según los escritores, la ubicación del polémico cuento "El violador" supone un pacto de lectura entre los autores y lectores de la revista y una estrategia de aceptación (o no) del contenido de esta. Se establece una delimitación del público lector entre quienes pudieran y quisieran seguir leyendo y entre quienes no. No es el propósito aquí realizar una valoración estética y literaria de dicho cuento, sino prestar atención a las posibles recepciones de este. Tomé este ejemplo para demostrar el funcionamiento estratégico del heterónimo como máscara de protección de aquellos aspectos que pudieran resultar riesgosos para la posible condena social del autor. Se produce un efecto "enmascarador y desenmascarador de la máscara, proceso que se relaciona directamente con otro de despersonalización/repersonalización" (Buchbinder y Matoso, como se citó en Swiderski).

El texto cobra una determinada independencia con relación al contexto sociopolítico e histórico que enmarca al autor, siendo partícipe de una cosmogonía perteneciente a otro sujeto dentro de otro plano de realidad, aunque este sea ficcional, en donde dicho sujeto o personaje posee su propia inclinación ideológica. Lo mismo sucedería con un personaje teatral: si bien puede, o no, ser juzgado por el público, se encuentra en un plano discursivo de representación de estereotipos sociales, por ende, pertenece una construcción narrativa. De no ser así, podría acontecer la duda ante la publicación del cuento "El violador", condicionada por las restricciones de la existencia individual de la figura del autor.

¿Metaficción en el M.A.T.?

El discurso metaficcional presenta una dualidad problemática entre discurso y realidad. Se trata de potenciar los discursos alternos y expulsar la narración ingenua como resultado del desencanto ante las formas de posmodernidad, lo que lleva a una escritura crítica y deconstructiva sobre el mundo. Aquí intervienen personajes literarios que organizan el mundo a través de su mirada como resultado de una época sin referentes en la cual los espacios y los discursos se encuentran multiplicados *ad infinitum*. Las diferentes perspectivas teóricas evidencian que son múltiples las estrategias metaficcionales utilizadas en el ámbito literario mientras que la condición laberíntica de la revista hace posible su estudio desde marcos teóricos divergentes.

La *autorreflexividad,* estrategia utilizada también en el plano cinematográfico y televisivo, construye un discurso sobre otro a modo de metarrelato o cuento enmarcado en el que existe un espacio paralelo tomado del concepto de *ciberespacio*[24](Carrera) dentro de una realidad virtual[25] condicionada por la paradoja y los límites difusos. Se trata de la búsqueda de una nueva realidad quizás más estable. A su vez, la realidad virtual es concebida como una estrategia textual que deviene en metaficción y propone al sujeto lector u operador una forma de lectura activa. En este juego de identidades, el lector busca respuestas dentro de la representación literaria llevada a cabo a través de los heterónimos, los cuales poseen una identidad estética que los define y diferencia del resto. Algo similar sucede con algunos textos que podrían considerarse "interactivos"; por presentarse al parecer incompletos, invitan al lector a aportar nuevos significados, como sucede en el número IV en la biografía de Héctor Pascale realizada por Llarvi. El lector adquiere el rol de *cibernauta* (Carrera) y el texto ahora se traduce en hipertexto. Se trata, además del carácter interactivo, de un tipo de escritura no secuencial en la cual el lector tiene la posibilidad de elegir su propio método de lectura. El lector se transforma en un cómplice de la escritura y productor de textos y, por consiguiente, la obra, al deconstruirse, adquiere el carácter de *obra abierta* ya utilizado por Umberto Eco. Al organizar el mundo inventado dentro de la revista, los creadores otorgan a sus personajes la posibilidad de ser modificados intraficcionalmente,

---

[24] Espacio de interacción entre autor, narrador, personaje y lector.

[25] "La realidad virtual es una ilusión perceptiva que adquiere el estatuto de una pseudorealidad, en el seno de una realidad [...] una simulación que incluye al propio sujeto y a su ubicación topológica en un espacio tridimensional fingido" (Carrera, citado en Gubern, 180).

por ende, el espacio de la revista se constituye como un espacio teatral o en *red* en donde convergen diferentes planos de lectura y pluralidad de conexiones. La metaficción es concebida como una función del lenguaje que organiza y produce distintos discursos correspondientes a cada heterónimo.

Linda Hutcheon en 1980 distinguía la metaficción posmoderna de la moderna. La primera intenta reescribir de manera irónica la historia colectiva a través de un tipo de escritura caracterizada por la fragmentación, cuyas intertexualidades presentes caen en la responsabilidad del lector. La estrategia de la metaficción dentro de este contexto es vista como un ejercicio lúdico en el cual la duda es un elemento permanente; la tarea de cada autor, narrador y lector es dar una interpretación diferente. La metaficción es "ficción sobre ficción, esto es, la ficción que incluye dentro de sí misma un comentario sobre su propia identidad lingüística o narrativa" y "aquellas obras de ficción que, de forma autoconsciente y sistemática, llaman la atención sobre su condición de artificio creado" (Ardila, 37).

Ya en el ejemplar número I existe una clara consciencia por parte de los heterónimos de la creación y participación de la revista en cuestión, aunque la revista en sí misma no pertenezca como género literario al plano ficcional; por esta razón, el carácter que posee la revista impide encerrarla por completo en otros géneros discursivos. *M.A.T.* establece, por momentos, estrategias metaficcionales desde la construcción e implementación de capas de sentido a partir de la polisemia textual que establecen los discursos de cada heterónimo; la condición del discurso dentro del discurso ya viene dada desde el soporte literario, que es la revista en la que no existe una única voz organizadora, sino múltiples emisores: las producciones literarias de los heterónimos, las producciones pertenecientes a la editorial, las cartas de los lectores, los escritores y artistas invitados.

A lo largo de la revista aparecen opiniones y juicios de valor a modo de crítica literaria entre los heterónimos y sus producciones; por ejemplo, Llarvi realiza un pequeño ensayo crítico acerca del cuento "El violador" de Jones. A su vez, en el número III, surgen parodias implícitas acerca del deber ser de un escritor, lo que de cierta forma establece una distinción entre una literatura oficial y otra marginal.

La creación como centralidad del discurso evidencia el *mise en abyme* en la revista del grupo de jóvenes. Este se vislumbra en el código que comparten los creadores de la revista con sus receptores, se trata de hacer-saber que lo real es una construcción del lenguaje, de re-presentar el mundo como una ficción y construir una realidad con derecho propio. Este concepto trabaja la creación como centralidad del discurso. Desde esta perspectiva la metaficción es entendida como un espacio de experimentación que permanece en estrecha relación con las pulsiones creadoras de los heterónimos: el ejercicio creativo literario, el juego, y la diversión.

A partir de las pulsiones creadoras es que estos autores inventan una mitología utilizando dos géneros de árboles presentes en la flora de Maldonado: el pino y el eucalipto. En el número I, en "La sombra de la duda" ya se hace a referencia a Héctor Pascale como poeta del Pino, mientras que Norberto Llarvi se hace llamar el poeta del Eucalipto. En la última página se hace referencia a la futura enemistad entre ambos poetas, pero también se menciona el interés que posee el grupo de amigos con relación a la naturaleza. Es allí que se consolida el primer "bando" llamado "Poetas del Pino". En el número II se informa a los lectores que Llarvi forma parte del equipo de los Eucaliptos y, además de haber escrito un poema sobre este árbol, posee un libro de su autoría titulado *El eucalipto y qué…*

Esta división conflictiva de bandos proviene de datos de la realidad de sus autores: Valentín Trujillo residía, en ese momento, en el barrio Pinares, donde abundaban los pinos; mientras que Damián González se encontraba y, se encuentra, viviendo en un barrio donde predominan los eucaliptos. Llarvi intenta revalorar los eucaliptos en oposición a "los pinos cortesanos", árboles propios del barrio en donde vive su amigo-enemigo y coeditor Héctor Pascale. Los heterónimos comienzan a tomar forma. En este número descubrimos que Llarvi, en el año 1980, se perdió por las calles de Maldonado y fue enviado al psiquiátrico, anticipación de su futura condición mental. Su libro de cuentos *La colonia de Etchepare*[26] refleja

[26] Otro elemento de la realidad es utilizado en el universo ficcional de los heterónimos. La colonia Etchepare es un centro de salud mental público ubicado en la ciudad de Montevideo.

esta época oscura y esquizofrénica del personaje propenso a las alucinaciones de su entorno; confunde shoppings con castillos, bandas municipales con ejércitos, y se establecen intertextualidades con George Morrison, Los Beatles, Cortázar y El Quijote. El recurso de la distorsión visual que utiliza Damián González a la hora de adjudicarle a Norberto Llarvi la inclinación por las alucinaciones podría entenderse como una estrategia de fuga de la realidad; quizás trastornado por los medios de comunicación masiva y el período dictatorial es que Llarvi se refugia visualmente en otros espacios. Se realiza una crítica a la sociedad a través de la utilización de tratamientos médicos, de las instituciones, del ser automatizado y la alienación; como resultado, devienen sujetos psicóticos, autistas, con traumas fálicos, sueños extraños, perturbados por la presencia de la psicodelia a causa de la medicación. Las reflexiones acerca de la literatura y el miedo sobre la cuestión del doble pueden establecerse como temores presentes en la sociedad del momento.

Los nombres de los autores aparecen también dentro de la revista, por ejemplo, cuando alguno es autor de alguna fotografía o ilustración. Ambas identidades creadoras, la real y la ficticia se encuentran compartiendo un mismo espacio. Vuelvo al conflicto presentado al comienzo a partir de la teoría de la imagen autoral de Foucault: el juego de doble autoría en la relación autor-heterónimo. A Jones se lo persigue prejuiciosamente por poseer una consciencia depravada y, dentro de la revista, se hace mención al problema del autor y del narrador, lo mismo que sucedió, según testimonios de los entrevistados, en la realidad. El factor diferencial en lo acontecido entre ambos mundos (ficcional y real) es el estatuto de realidad en el cual se encuentra los autores empíricos. Se establece un paralelismo que problematiza, en ambos espacios, si la figura autoral debe ser juzgada y condenada a partir del discurso de la figura del narrador. La autorreflexividad se encuentra presente en ambos discursos desde la recepción del cuento "El violador".

El ejercicio metaficcional se trata de re-pensar la propia escritura y la creación de heterónimos lleva a los autores a experimentar otras formas de expresión o, por el contrario, asentar, a través de la pulsión de la creatividad, temáticas que más tarde podrán ser y fueron desarrolladas por los ahora escritores fundadores de la revista. No solo los autores intervienen sobre sus producciones literarias, sino que conducen a los poetas a repensar su escritura a partir de una literatura de reacción establecida en el plano real y ficcional: finalizan los textos que sus pares dejaron a medio hacer, mantienen relaciones de recíproca producción en donde escriben a partir de un texto disparador de otro integrante, y redactan textos colectivos. Los heterónimos se dedican poemas y textos uno al otro, mantienen relaciones epistolares, escriben biografías y seudobiografías. La recolección de datos de cada uno de los poetas va consolidando sus personalidades. Los lectores nos enteramos de la posible homosexualidad de Bech, su actitud impávida y tímida (según Llarvi), el considerable tamaño de su nariz que llama la atención al resto de los integrantes del grupo; la postura antifálica de Llarvi, su percepción acerca del aristocratismo de los del pino, la susceptibilidad que, según él, caracteriza a Pascale, el Salaberry verborrágico, y Jones, condenado de tonto por jugar con la bragueta de su pantalón; Alcántara realizó un esbozo de biografía de Bech luego del mundial en 1970, viene de la frontera y se siente sapo de otro pozo; a Jones se le adjudica el sobrenombre de "maldito" y junto con Salaberry llevan los apodos "Jekyll y Hyde" provenientes de la novela corta escrita por Robert Louis Stevenson.

Siluetas de humor y ¡agur!

En el número II aparece por primera vez el significado del titular detrás de las siglas ya conocidas: "Movimiento del agujero de la torta frita, en homenaje al reconocido alimento uruguayo: la torta frita". Como toda sigla, *M.A.T.* encubre el significado que encabeza la revista y, por ende, desde allí, los autores plantean un juego de desenmascaramiento en el cual debe llegarse hasta el ejemplar número II para descubrir el significado del título. "El título, que identifica a la revista como entidad, es el elemento representativo, el más cuidado por los editores, su imagen. Sintetiza, como componente gráfico y lingüístico, sus valores estéticos, la posición de la revista en el sistema" (Sobrino, 835).

El factor humorístico planteado en el título de la revista se convierte en una constante a lo largo de todos los números que conforman la serie.

Los escritores hacen convivir diferentes formas de humorismo y la forma de utilizarlo, desde el humor ácido a un humor plagado de un tono más infantil.

Se torna necesario hacer una distinción entre *humor* y *humorismo* antes de proseguir. El concepto de *humor* es utilizado para designar un sentimiento subjetivo, o hacer referencia a una disposición del ánimo, algo inherente al sujeto que observa lo cómico; mientras que el *humorismo* designa una manifestación objetiva que hace referencia a la expresión externa del humor y se manifiesta mediante la palabra. El humorismo se constituye, entonces, como una decisión estética; un ejemplo clásico y precursor de este estilo literario se ve en Cervantes con *El Quijote de la Mancha*. El *humorismo*, desde la perspectiva de Julio Casares aparece en una fase cultural avanzada de quien lo utiliza, en la cual existe un clima político y moral madurado. También se compone de diferentes elementos y capas de significación, dependiendo del objetivo estético, social, político y risible que desee generarse.

El humorista o quien suele utilizar esta estrategia se vale de una observación minuciosa y particular del contexto que lo rodea, debe ser un recolector de datos, pero sobre todo debe practicar el ingenio y la focalización desautomatizada que sitúe el foco donde nadie más lo está haciendo. El aspecto risible de una construcción humorística se define (o no) por el humor, el cual devela una concepción personal del mundo y un posicionarse ante la vida. Asociado al aspecto risible, el cual desaparece cuando despierta el sentimiento de piedad en quien contempla, se manifiesta el factor cómico y el placer que este genera es de índole únicamente intelectual, sin dejar de influir los preceptos morales y las normas sociales y de convivencia.

Lo cómico es ingrediente de lo humorístico y dentro de una interpretación de este estilo se torna necesaria la colaboración de quien lee o escucha, ya que participan sus facultades intelectuales y afectivas, las que abrirán el espectro a diferentes modos de recepción posibles. No es menor destacar, entonces, que los niveles de intelecto que poseían los jóvenes autores en su momento incluyeron notablemente en la agilidad discursiva que requiere el juego humorístico.

A lo largo de los números del *M.A.T.* no solo se evidencia el vasto conocimiento sobre literatura proporcionado por un diálogo fluido y auténtico con escritores reconocidos y otras figuras artísticas, sino que, los autores demuestran habilidad para manejar otros idiomas como el portugués, inglés y francés a partir de traducciones de las obras de Baudelaire, Poe, Superville, Whitman, entre otros. Entre las producciones literarias aparecen referencias explícitas e implícitas que establecen puentes intertextuales entre los textos. El lector experimentado, a diferencia del lector que se encuentra en desconocimiento de las referencias literarias presentes, disfrutará en un grado mayor de la producción narrativa y poética de los heterónimos.

Existen otros dos aspectos importantes para destacar pertenecientes a las capas del *humorismo*: el primero hace referencia a la práctica de la crítica social o la presencia de un mensaje trascendental matizado por el valor cómico, el chiste. El otro elemento es la ironía, entendida como como una figura retórica propia de los mecanismos expresivos del lenguaje, se constituye como un discurso fragmentado y artificio que da a entender lo contrario a lo que afirma. "La ironía, por tanto, se reduce a exaltar el contraste entre lo que se ve o se sobreentiende y el simulacro de arquetipo que le ponemos por delante" (Casares, 185). En la posmodernidad, el recurso de la ironía se torna implícito y cotidiano en el intento por lograr un balance entre discursos opuestos. Al tratarse de un enunciado ambiguo, al utilizar el recurso irónico se vuelca la responsabilidad de la interpretación en el lector más allá de cuál haya sido la intencionalidad del autor. Figura constante a lo largo de las páginas de *M.A.T.*, los autores se valieron de la *autoironía*[27] como refugio.

El número I comienza con un manifiesto plasmado de características surrealistas e irónicas, con referencias a un patético patriotismo: "Todo poeta debe sostener una serie de nociones básicas de cocina criolla lluviosa" o "todo poeta debe confundir una mesa de coser con una cortadora de pasto". Dicho manifiesto lo firman Norberto Llarvi y Héctor Pascale y, según los autores, se constituyó como el inicio del *M.A.T.* El lenguaje

[27] Entendida como una característica de la *posmodernidad*, la *autoironía* es propia de los distintos niveles de percepción sobre uno mismo.

absurdo presente se sirve de la utilización de palabras laberínticas con un aire estetizado, y el aspecto risible se encuentra allí en la figura de dos escritores que, al parecer intelectuales, organizan un discurso sin sentido pero que posee una lógica interna. Se presenta una contradicción entre la calidad de las palabras utilizadas y el discurso irracional creado a partir de ellas; el producto literario sitúa a sus escritores en el plano irónico creando una imagen estrafalaria de ellos mismos en el cual el lenguaje utilizado termina siendo un objeto de burla sobre ellos mismos.

El relato de Carlos Pérez de Alcántara, "Un día en la vida", es ejemplo de un humor *bizarro* en el que se explica con delicadeza, sencillez y elegancia los pensamientos y acciones de un personaje que se encuentra defecando en el baño de su hogar: "Pasando del *water* al *bidet* en un ágil movimiento (fruto de los años de entrenamiento, luego de abandonar la pelela)" (26). El relato utiliza un humor agrio para dar a conocer las acciones rutinarias de un joven sin trabajo, hasta el momento dependiente de la herencia de su tío millonario. La metáfora de la materia fecal sirve para visualizar el sentimiento de desagrado por el joven ante los condicionamientos y exigencias sociales. En este relato, el aspecto risible se encuentra en el reflejo que genera la desgracia que padece el personaje, cualquiera de los lectores podría encontrarse en una situación similar.[28] La utilización del recurso del espejo funciona como crítica social y burla hacia el mismo sujeto que lee.

En el número III, en "La prueba del pasaporte", si bien predomina un tono pesadillesco, puede leerse como una parodia del amor al "paisito" por obligación. En el cuento, Llarvi ahonda en el deseo por abandonar el país, sentimiento propio de la época de la crisis que estaba gestándose; se deduce la necesidad política de permanecer en la calle, propio de la gente joven y la burocracia uruguaya que encierra e imposibilita las oportunidades. En este caso, la parodia, entendida como un recurso metaficcional, se vuelve un espejo crítico inevitablemente irónico de las convenciones sociales.

28 El aspecto risible no estaría presente si, por el contrario, se tratara de una desgracia grave que perjudicara violentamente al sujeto.

En el número V, Pascale, meteorólogo frustrado, afirma que se puede prever la lluvia por la temperatura de la pinocha. Estos son solo unos pocos ejemplos que permiten un acercamiento a las formas en las que los autores deciden emplear el *humorismo* muchas veces valiéndose no solo de la ironía, sino también de la parodia. La estrategia humorística utilizada en *M.A.T.* por sus narradores tiende una mostrar una situación irónica, dejando como responsabilidad del lector la reacción ante esta situación. Es constante la ausencia de indicadores de la ironía y, por lo tanto, de una intención explícita; se genera, entonces, una ambigüedad en cuanto a la manera de cómo el texto debe ser interpretado. De todos modos, logran identificarse las intenciones del autor implícito, es decir, la visión del mundo y de la literatura que este pone de manifiesto al emplear la ironía.

A partir de la entrevista realizada con los escritores de la revista, se deduce la condición indefinible de las producciones literarias del *M.A.T.* y de la totalidad de su discurso hemerográfico. Los heterónimos, por su parte, terminan por adquirir una identidad y estilos diferenciados: Llarvi tiende a una escritura que genera extrañamiento, un humor irreverente, y utiliza un lenguaje sofisticado para la edad del joven escritor. Lingüísticamente hablando, es el más juguetón de todos. En Augusto Salaberry, Robert Jones y Fran Bech (quien recurre a atmósferas pesadillescas posiblemente provenientes del inconsciente del autor), si bien existen matices diferenciadores en cuanto a la producción de sus obras, por lo general se inclinan por las temáticas oscuras, lo fálico, lo erótico, la pesadez humana y se apropian de una estética *under*, la destrucción, los vicios, los tabúes, los criminales, las drogas, lo siniestro. En Alcántara, por momentos asoma un humor de cadalso; por ejemplo, en "Desde abajo" se representa la sensación de anhelo por un amor, lo pasional y lo juvenil. También dialoga con la tradición y le agrega humor en "Amor constante más allá del polvo"; aquí se juega con las dos acepciones de la palabra "polvo"[29] y se enfatiza en la duración del placer sexual. La intertextualidad establecida

[29] Según la RAE: "Parte más menuda y deshecha de la tierra muy seca, que con cualquier movimiento se levanta en el aire". La otra acepción hace referencia a la jerga que refiere al acto sexual.

con Quevedo funciona aquí como un recurso irónico y dialógico que establece una ruptura en la continuidad textual. El lector conocedor de la obra se detiene ante al encontrarse con el titular allí presente y establece nexos que despiertan el aspecto cómico. En Alcántara, también predominan los relatos populares, sueños de un hombre de campo, de la frontera. Resalta los pequeños sueños del hombre común: formar una familia, tener un hijo, una esposa, gallinas; se introduce en las particularidades criollas y rurales desde una sensibilidad sutil. Sus poemas en portugués dejan ver lo fronterizo del poeta. Pascale, por su parte, le canta reiteradas veces a la naturaleza, al mar, a la arena, a los seres marinos, llama a la tormenta y destaca el paisaje propio del departamento de interior. Voltea su escritura a las sensaciones propias de la niñez, lo lúdico, lo sencillo, los pequeños placeres que recuerdan, por instantes, a la sensibilidad de Isabel Allende. El estilo de Pascale se asemeja a la invocación griega hacia los dioses. En "Poema para disecar una tormenta" pareciera que realiza un llamado al dios del mar, Poseidón. Su forma de expresión conlleva un estilo mitológico y glamoroso. Existen hilos conductores temáticos que circulan, algunos más, otros menos, en todos los números del *M.A.T.:* el sentimiento de vértigo propio de la época, la muerte en sus diferentes dimensiones y posibilidades, la vuelta a la niñez, el erotismo cargado de connotaciones lúdicas que por momentos roza lo pornográfico, la cultura uruguaya, la construcción de una imagen propia del interior del país, específicamente, el departamento de Maldonado.

En el mes de marzo de 2002, se publica el número póstumo en el cual los editores de *M.A.T.* se despiden dedicando dicho número a la memoria de George Harrison. La estrategia de desdoblamiento utilizada por los autores permanece intacta hasta el último momento, la construcción de los heterónimos jamás es develada. *M.A.T.* cumple su ciclo cuando muere Pascale en 1963. En el último número, Llarvi es atropellado y muere. En su bolsillo se encuentra un papel que relata la muerte de los otros miembros, y no solo la policía se encargó del asunto, sino también, la literatura. Los editores del *M.A.T* afirman ser los encargados de llevar adelante la revista luego de la muerte de cada heterónimo. Por su parte, los autores encontraron agotado el recurso lúdico de la revista, lo cual llevó a la finalización de esta. La muerte de los heterónimos acabó con la revista *M.A.T.* y se constituyó como testimonio de una época de escritores, reales y ficticios.

Conclusión

A partir de la creación de la revista *M.A.T.*, los escritores generaron, en su momento, un producto literario digno de ser analizado desde una aproximación sistémica debiendo atender a cada número desde su individualidad y en relación con la totalidad de la serie. Se refleja desde el modo de producción de la revista una tendencia y modo de hacer propio del interior del país, caracterizado por lo rudimentario y artesanal. Siendo una de las últimas generaciones uruguayas del interior que consiguió confeccionar una serie de revistas de ese estilo en un período cuando ya estaba palpitando el advenimiento de las nuevas tecnologías, exploraron la noción de experiencia lúdica y lograron producir, "sin darse cuenta",[30] literatura de calidad. Si bien aún se encuentra recóndita en los callejones de Maldonado, la producción literaria y artística del grupo puede establecerse como referencia para otros jóvenes creadores, cuanto más por la utilización de estrategias y giros lingüísticos, semánticos y retóricos que por sus factores estéticos.

Estos jóvenes recorrieron la literatura como un juego de identidad hasta exprimirlo y ver dicho recurso agotado. El encuentro dentro del CeRP y la creación de la ya mencionada revista propició, quizás también de forma inconsciente, la construcción y formación de los devenidos hoy escritores y profesores de literatura reconocidos, algunos de ellos, a nivel nacional e internacional. *M.A.T.*, aunque efímera y vanguardista, como texto colectivo favoreció la profesionalización literaria a través de la apertura de un espacio de posibilidades dado por el universo de la revista misma.

Asimismo, considero que uno de los valores de la revista se encuentra en el discurso narrativo como espejo y afirmación de la identidad. Aunque

[30] Afirmación realizada por los integrantes de *M.A.T.*

a veces fugaces y efímeras, las ideas presentes en la juventud parecen poseer la estabilidad y solidez necesarias para ser defendidas. De cualquier modo, los editores de la revista se hallaban en búsqueda de competencias literarias y estéticas con las cuales sentirse identificados, mientras que los heterónimos construidos poseen una madurez propia de la edad adulta y, por ende, de cualidades estéticas e ideológicas definidas. Supieron proceder detallados observadores de aquello que no suele mirarse con detenimiento.

La revista *M.A.T.* se afirma como una defensa implícita de las cosmovisiones perdurables en el tiempo a través del lenguaje plasmado sobre el papel. El grupo de escritores supo reverberar a través de diferentes escenarios un momento que nos alcanza a todos, la juventud; el desprecio por el presente; la añoranza de la niñez, de los pequeños placeres; la bicicleta, el fútbol, los amigos, el mate, el mar, la playa, el cine, la música; la ansiedad desesperada por escapar devenida en múltiples muertes; el descubrimiento del cuerpo en la experiencia erótica y sexual; la traición, el engaño, el desamor, el miedo al olvido, a la soledad, a la nada; la irracionalidad lúdica; la familia; la lectura, la escritura, la literatura. Con esto me refiero al concepto de espejo: quien se encuentre leyendo las páginas del *M.A.T.* encontrará, dentro de la vasta producción, un modelo de lectura experimental, algo con lo cual identificase. Porque de eso se trata la literatura (parte de ella): recrear espacios simbólicos propios y significativos que otorguen sentido a las experiencias, sentimientos y emociones individuales dispuestas a ser compartidas y resignificadas con un otro.

Bibliografía

Analco Martínez, A. *Cuerpos en papel: La representación del cuerpo juvenil en el fanzine*. 2007.

Ardila, C. *Metaficción: Revisión histórica del concepto en la crítica literaria colombiana. Estudios de Literatura Colombiana*, no. 25, 2009, pp. 35-59. Medellín: Universidad EAFIT.

Barité, M., y M. G. Ceretta. *Guía de revistas culturales uruguayas, 1885-1985*. Vol. 1, Montevideo: Ediciones El Galeón, 1989.

Beigel, F. "Las revistas culturales como documentos de la historia latinoamericana". *Utopía y Praxis Latinoamericana: Revista Internacional de Filosofía Iberoamericana y Teoría Social*, no. 20, 2003, pp. 105-116.

Canal 5 Uruguay. "Café Literario – Damián González". *YouTube*, 1 nov. 2016. https://www.youtube.com/watch?v=mO7El60hisM&t=616s

Carrera, L. *La metaficción virtual: Hacia una estrategia posible en la narrativa finisecular latinoamericana del siglo XX*. Tesis doctoral, Caracas: Universidad Católica Andrés Bello, 2000.

Casanova, G. "Mamá era punk". *YouTube*, 1988. https://www.youtube.com/watch?v=l822azA0cXg&t=1023s

Casares, J. "Concepto del humor". *CIC. Cuadernos de Información y Comunicación*, no. 7, 2002, p. 169.

Club de Catadores. https://clubdecatadores.wordpress.com/autores/

Di Leone, G., I. Fernández de Palleja, G. Fonseca, y L. Pereira Severo. *La ballena de papel: Antología de poesía de Maldonado 1985-2017*. Seleccionado por Procultura 2016, Montevideo: Civiles Iletrados, 2017.

Foucault, M. "¿Qué es un autor?" *Revista de la Universidad Nacional (1944-1992)*, vol. 2, no. 11, 1987, pp. 4-19.

Gubern, R. *Del bisonte a la realidad virtual. La escena y el laberinto*. Anagrama. 1996.

Gutiérrez, A. "Los conceptos centrales en la sociología de la cultura de Pierre Bourdieu". En Bourdieu, P. *El sentido social del gusto. Elementos para una sociología de la cultura*. Buenos Aires: Siglo XXI, 2010.

Habermas, J. "La modernidad, un proyecto incompleto". *La Posmodernidad*, no. 7, 1985, pp. 19-36.

Huyssen, A. "Guía del posmodernismo". *Punto de Vista*, no. 29, 1987, pp. 28-70.

Ibáñez Collazo, M. "El papel de las revistas culturales uruguayas del Siglo XX en la difusión de la cultura y en la historia de las ideas". *Letras - Uruguay*, s. f. www.letras-uruguay.espaciolatino.com/

Lyonnet, G. *Revistas culturales uruguayas 1940-1970*. s. f. www.fhuce.edu.uy/

Osuna, R. *Tiempo, materia y texto: Una reflexión sobre la revista literaria*. Vol. 45, Kassel: Edition Reichenberger, 1998.

Pérez de Alcántara, C. "Un día en la vida". *M.A.T. Número I, Año I*. 2001.

Sobrino Vegas, Á. L. *Las revistas literarias: Una aproximación sistémica*. 2013.

Swiderski, L. "Autorrepresentación autoral y máscaras del yo". *CELEHIS: Revista del Centro de Letras Hispanoamericanas*, vol. 20, no. 22, 2011, pp. 241-256.

Uval, N., ed. *Narrativas de la exclusión: La crisis de 2002 en los medios de prensa escrita uruguayos*. Montevideo: Universidad de la República, Comisión Sectorial de Investigación Científica, 2017.

Zavala, L. *Las ironías de la ficción y la metaficción en cine y literatura*. Ciudad de México: UACM, 2007.

La escritura de crítica cultural en Iscariote, como síntoma de maduración en la gesta de una generación

Martín Colman

Este trabajo de investigación, si bien está focalizado en la revista *Iscariote*, se encuentra enmarcado en un estudio más global que abarca las revistas literarias e independientes: *M.A.T. e Iscariote*, publicadas en la ciudad de Maldonado entre los años 2000/2001 y 2003/2007, aproximadamente, salvo por un breve período en que *Iscariote* es encartada en el *Diario Serrano* de la ciudad de Minas, entre 2004 y 2005.

Entre los fundadores y editores de ambas revistas se encuentran nombres tales como Damián González Bertolino, Valentín Trujillo, Ignacio Fernández de Palleja, Rodrigo Almeida y Felipe García Salaberry. El *M.A.T.*, como la llaman sus fundadores —cuyas siglas aluden a "Movimiento por el Agujero de la Tortafrita"—, se difundió únicamente dentro de un ámbito institucional: el Centro Regional de Profesores del Este, CeRP. La revista *Iscariote*, que también emana la misma institución, tuvo una circulación y proyección un tanto más expandido, no solo dentro del departamento de Maldonado, sino también a nivel regional, conformando entre sus filas una constelación con representantes de todos los departamentos del este, así como también otros del sur, o zona sureste. *Iscariote* estableció vínculos de fraternidad con otras publicaciones del interior, incluso de otras zonas del país, como *La letra breve*, en San José, por ejemplo.

Como ya lo anuncia el por demás emblemático título de este artículo, se pondrá la focalización en la escritura de crítica cultural en *Iscariote*, como un potencial indicio de madurez en un grupo de escritores que, salvo Damián González, comenzaron su aventura en la escritura de ficción en la mencionada anteriormente revista *M.A.T.* Esta revista tuvo una forma muy lúdica, en la que cada uno de los escritores asumió un heterónimo o seudónimo que mantuvo durante toda la trayectoria del magazín, y donde cada poeta inventado tiene su propia historia y su cosmovisión, su estética y su poética. Pero el juego y el artificio metaficcional no terminaba allí, ya que ellos eran los editores de cada uno de estos poetas inventados, lo que le otorgaba otro nivel de sentido a ese lúcido como lúdico juego de máscaras.

Luego, en el paso a *Iscariote*, toda esta maquinación, juegos y artificios, con escritores ficcionales creados en el cosmos *M.A.T.*, son dejados de lado y la crítica cultural pasa a ser el motor de escritura que lleva los hilos del quehacer editorial. En esta segunda publicación, esa inquieta generación de estudiantes, mediante la acción directa del escribir, fue mucho más allá de eso y logró, en su maduración, la consolidación de una generación de escritores.

Ahora sí, luego de enunciado este breve preámbulo, me propondré emprender la escritura, pero ahora focalizándome concretamente en *Iscariote* (*revista de mitologías*). Y, al hacerlo en el marco de un estudio sociocrítico, es menester, primero, dar a conocer cuál es el caldo de cultivo dentro del cual se cuece la gestación de tal significativa publicación literaria y cultural. Como sostiene uno de los teóricos y precursores de dicho campo de investigación, que en los setenta fundara en el ámbito universitario francés la revista *Sociocriticism*, *Edmond Cros:* "La sociocrítica procura poner de manifiesto las relaciones existentes entre las estructuras de la obra literaria (o cultural) y las de la sociedad en la que está profundamente arraigada" (31).

Es decir, es un campo de estudios interdisciplinar en el cual convergen tres diferentes epistemes: materialismo histórico, psicoanálisis y lingüística. Se ocupa de la producción simbólica y la relación con el contexto en el que dicha producción surge, ya que, según este enfoque, la realidad referencial sufre, bajo la consecuencia de la escritura, un proceso de metamorfosis semiótica. A esto responde el querer ir a fondo en busca de las condiciones, bajo las cuales se hace posible la génesis de una publicación como *Iscariote* que, teniendo epicentro en el muchas veces difuso límite, en donde más que separarse se unen Maldonado y Punta del Este, más específicamente en el CeRP del Este.

Este es un centro que hacia el año 1998 hace su lúcida como necesaria irrupción en la escena educativa y cultural, departamental y regional, dentro de una clara política de descentralización, que a su vez se embarca dentro de un navío de muchísima más envergadura, como lo fue la controversial reforma educativa de Germán Rama, que introdujo desde el año 1995 cambios en todos los niveles del sistema educativo uruguayo. En esta reforma se incluye la formación docente; bajo esa coyuntura el CeRP del Este se planta como un colosal mojón, literal y metafórico; un mojón rectangular de cemento y ladrillos, que descansa sobre las agrestes dunas, entre la Cachimba del Rey y la Azotea de Haedo, y que marcó un verdadero hito, sin ningún lugar a dudas, un antes y un después en el campo educativo y también en el quehacer literario y cultural de toda la región.

Se trata de una región que históricamente ha ido nutriendo la matriz cultural del departamento de Maldonado, cuyos orígenes históricos se tejen en conjunto: su territorio amalgamó alguna vez los terrenos pertenecientes a los actuales departamentos de Lavalleja y de Rocha. Es un lugar que desde un principio estuvo marcado a fuego por un cosmopolitismo que se remonta a la época de la zona fronteriza e interimperial. Y luego, ha fluido e influido en una migración interna; al ser un polo turístico de carácter internacional, siempre ha recibido aportes humanos desde los departamentos que integran la región este.

Pero esa peregrinación interna no se queda solo allí: también llegan a estas tierras personas provenientes de todos los departamentos del país, así como también muchísimas del extranjero, de variopintos lugares del mundo, que de algún modo han ido confluyendo en este lugar. Así, se cristaliza en Maldonado su marcado carácter de *collage* cultural, que goza de una importante diversidad social. Es en el seno de esta sociedad marcada por la riqueza en aportes humanos que surge, en el marco institucional, la ya antes mencionada revista *Iscariote*, hacia al año 2003.

En ese año, en el contexto de la ciudad de Maldonado y sus zonas de influencia — así como en el resto del país y la región— se encuentran aún palpables los coletazos de la crisis económica y social del 2001-2002. Siendo entonces un año poscrisis, en 2003 las consecuencias se cortan por el hilo más fino y pululan, en este caso, por las calles de Maldonado. El aumento del desempleo y de la ya de por sí elevada tasa de deserción en la educación, junto a la precarización de las condiciones de trabajo y de vida, hacen que quienes no pueden seguir pagando sus alquileres y tampoco volver a sus departamentos de origen pasen a engrosar en el cinturón de la ciudad los asentamientos irregulares. A todos estos factores propicios para las narrativas de la inseguridad se le suma, como aderezo, el nefasto ingreso en la acción de drogas tan destructivas como baratas, como lo son la pasta base o el crack.

Esta situación que colabora con cierta sensación de inseguridad ciudadana no solo es uno más de los síntomas del crack, sino también de un quebrantado país. Situación que se encuentra enrabada con otro tipo de manifestaciones y movimientos sociales, que nada tienen que ver con ese flagelo social: saqueos, huelgas, ocupaciones, asambleas y otras tipologías de la inseguridad, según cuál sea la perspectiva desde la cual se narre el fenómeno. Ese espectro de múltiples perspectivas productoras de las narrativas de las realidades se enmarca en los medios de comunicación, productores y generadores de la opinión pública, ante la cual se acepta pasivamente o se es activamente crítico, lo que dependerá de las herramientas con las que se cuente. Allí reside una de las grandes misiones de la educación: la de fomentar un espíritu crítico. Y más específicamente la enseñanza de literatura, ante la formación de lectores críticos, autónomos y reflexivos, munidos de las herramientas necesarias, que la literatura debe otorgar. Hablo de aprender competencias comunicativas con la literatura que faciliten la comprensión de un discurso que es en definitiva lo que es la realidad, donde nada hay fuera del texto.. No es para nada casual entonces que cinco años después de fundado el CeRP, se produzca allí una revista de tan marcado corte crítico con respecto a la diversidad de discursos que circulan y en suma conforman la realidad.

Por esos años esa realidad quedó marcada por la inseguridad en sus más variadas fisonomías como la alimenticia, la de la frágil estabilidad laboral y también emocional. Es también momento en que la institución familia sufrió un duro golpe, ya que a la situación general se sumó la emigración en masa hacia otros países; por motivos económicos, mucha juventud se vio empujada a buscar nuevos horizontes en busca de un mejor porvenir, puesto que el futuro por acá parecía no existir o por lo menos no era el más prometedor.

Uruguay no fue ajeno a la recesión en Brasil, a la crisis en la banca de Argentina en diciembre del 2001, a los brotes de fiebre aftosa que ese mismo año afectaron a nuestro país. Fue una sumatoria de múltiples causas las que llevaron a vivir esa compleja situación social.

En la colección de artículos *Narrativas de la exclusión*, elaborada por la Udelar, referidos a la crisis del 2002, Camila Rojas sostiene lo siguiente:

> Desde la década de los noventa, el país venía sufriendo desigualdades progresivas, lo que hizo la crisis fue agudizarlas, ponerlas en evidencia. Y cuando hablo de desigualdad me refiero, principalmente, a la generada por la edad y la educación. Los jóvenes y las personas con menor nivel educativo fueron los más discriminados, los que más sufrieron, los menos escuchados. Las movilizaciones de gremios y sindicatos se hicieron más habituales a medida que se deterioraban las condiciones de vida y la situación del país empeoraba. Se fue generando una angustia colectiva que remitía al miedo de quedarse sin trabajo, de ser saqueados, de perder clases por los paros y las huelgas. Estos últimos elementos se vinieron dando con más frecuencia en pos de reclamar por mejoras salariales o de presupuesto, así como también para presentarse en contra del gobierno, de las medidas que estaba tomando y de la reforma educativa que se estaba tratando de implementar. (45)

En el marco de dicha reforma es que apenas cinco años antes, en el año 1998, se crea una institución educativa que hizo su irrupción en el panorama educativo de una ciudad que atraviesa una compleja situación sociocultural. Es en el seno del CeRP del Este donde surge esta publicación colectiva, polifónica y tan significativa como lo es *Iscariote*. Las características particulares del centro y su entorno son las que propician ese caldo de cultivo cultural. Con epicentro entre Maldonado y Punta del Este, no solo metafórico, sino literal también, el edificio del CeRP tiene dos entradas y cualquiera que las conozca podrá dar fe de que una da a Maldonado, por el liceo n.º4 y la Cachimba del Rey, y la otra puerta de acceso, por la Calle de la Virgen, da hacia Punta del Este, ciudad deliberadamente cosmopolita.

La forma en que se incluye a los demás departamentos de la región es por un sistema de becas; los estudiantes de los departamentos de Rocha, Lavalleja, Treinta y Tres, incluso de Cerro Largo, a quienes se le suman estudiantes que provienen del interior del propio departamento de Maldonado, que no tienen cómo solventar sus estudios en su lugar de origen o en Montevideo. La beca total les brinda una residencia estudiantil, a lo que se le suma la alimentación, que incluye almuerzo y cena. También se les conceden, cada dos semanas, pasajes de ida y vuelta para viajar a sus respectivos departamentos de origen. Además, conviven en la institución estudiantes que son habitantes de Maldonado, pero gozan del beneficio de una beca parcial, que les soluciona la locomoción y la alimentación a la hora del almuerzo. Como contrapartida, y para mantener los beneficios durante toda la carrera, sus escolaridades deben reflejar buenos resultados académicos.

Este sistema generaba una convivencia que intensificaba los vínculos interpersonales entre los estudiantes y también con el cuerpo académico de profesores, muchos de los cuales trabajaban en la institución en un sistema de tiempo completo. Las clases se iniciaban a las ocho de la mañana y se prolongaban hasta la pausa del mediodía, momento en que contaban con una hora para almorzar. Luego se reanudaba la actividad hasta las cinco de la tarde. Los primeros años los cursos eran dictados en el mismo predio de la residencia, en un entorno que, al decir del propio escritor Valentín Trujillo, se asemejaba a las de la Academia de Atenas, o por lo menos ellos hacían esa asociación. Muchas veces las clases tenían lugar fuera de las aulas, en un entorno de jardines y a la sombra de los bosques que emperifollaban la vieja residencia de Silvicultura, ubicada a las afueras de Maldonado, sobre el que antiguamente se conociera como Camino al Placer, hoy oficialmente designada por el nomenclátor fernandino como avenida Aparicio Saravia, casi a medio camino entre la ciudad de Maldonado y La Barra.

En este contexto tan particular es que se comienza a consolidar un grupo de amigos el primero en ingresar es Ignacio Fernández de Palleja, nacido en Treinta y Tres en el año 1978, que comienza sus estudios de profesorado de Lengua y Literatura hacia el año 1999. Luego, a partir del año 2000 comienzan a ingresar los demás integrantes de este grupo, al que se podría denominar como grupo M.A.T. e Iscariote; núcleo germinal de una generación de escritores. Damián González Bertolino, nacido en el año 1980, al momento del ingreso había vivido prácticamente toda su vida en el barrio Kennedy, a escasas cuadras de la ya antes mencionada residencia estudiantil Silvicultura. Además, se suma Valentín Trujillo, igualmente originario de la ciudad fernandina, pero que proveniente de otra zona, de las antípodas de la ciudad prácticamente. Es allí, en esa dicotomía donde fundan el origen de esa mitología; los autores están arropados de artificios metaficcionales que fueron el *leitmotiv* propulsor de la escritura colectiva y lúdica dentro de ese gran baile de máscaras que fue ese fanzine, tan *under* como histrión del DIY (doityourself), del punk: el M.A.T.

La instrumentación de las máscaras en la literatura es una práctica que podemos abordar desde la perspectiva teórica propuesta por el crítico Mijaíl Bajtín: la de la carnavalización (4). La humanidad desde siempre ha necesitado espacios para descubrir la libertad para poder subvertir las viejas normas sociales y religiosas. El carnaval, la fiesta de la carne, se ofrece como una colorida tregua a la vorágine feroz de las rutinas y el trabajo.

Sobrecargado y exigido era como se sentía aquel grupo de muchachos frente al duro trajín de las largas ocho horas diarias; pero ellos encontraron en la revista una catarsis dentro de un espacio en el que reina la creatividad lúdica y colectiva, una válvula de escape en el que subvierten el orden establecido. Y ese grupo de jóvenes que recién está llegando al campo literario funda una mitología que los erige como parte de la tradición literaria de la ciudad.

Crean un mundo que no necesariamente es lo que es, y el parecer se funde con el ser. Un juego colectivo, hijo del trasnoche de quienes, bajo los efectos de grandes banquetes de muzzarella de Las Maravillas, juegan y experimentan con los fondos y las formas de su primera revista, borrando las fronteras entre el arte y la vida. En realidad, es la vida misma presentada con los elementos característicos del juego.

Una vez que arriban a *Iscariote*, se quitan las máscaras, pero el jugueteo se mantiene; es ahora la crítica la que lleva los hilos.

Al analizar brevemente el nombre designado a la segunda publicación, *Iscariote* (*revista de mitologías*), nos encontramos en primera instancia con un personaje perteneciente a la mitología bíblica quien, según los narradores de los evangelios, habría sido el responsable de señalar con un beso y así entregar a Jesús a los romanos: "Al que yo besare, ese es: prendedle". Ellos en la revista, hasta cierto punto, se sentían también traidores, sin saber bien a qué, tal como lo expresara en una entrevista exclusiva para este trabajo el multipremiado escritor Valentín Trujillo, quien señaló que todo comenzó como una broma. Toda broma siempre esconde algo de veracidad. Ellos habían hecho algo diferente dentro del panorama de Maldonado, y de alguna forma eran un poco traidores en la forma de ver la ciudad. Como el gran traidor fue Judas Iscariote, les gustó el nombre. "Era jugar un poco con el traidor, tampoco puedo definir bien, un traidor exactamente a qué, pero sí hacia algunos cánones establecidos. También con esa cosa arrogante de cuando uno es joven, que quiere hacer algo nuevo, rupturista y desafiante al mismo tiempo" (Palleja et al., 2021).

Eran jóvenes. Al tiempo que se iniciaban en la escritura, también lo hacían en la senda de la enseñanza y del fenómeno que implica trabajar constantemente con gente más joven y con una tan delicada e importante sustancia como lo es el lenguaje. El lenguaje como un medio vital para expresar pensamientos y sentimientos, pero también para interpretar ese gran discurso omnipresente: nadie escapa del texto, no hay nada fuera de él. El lenguaje y la función de la comunicación, vitales para la sobrevivencia humana, ya están designados en una molécula de doble hélice de ácido desoxirribonucleico que contiene toda nuestra información genética, que es la capacidad de jugar con la palabra en la comunicación, la autodefensa con la que contamos al momento de ser arrojados en este mundo en el cual habitamos y actuamos. Y en parte, es rol de la educación promover espíritu crítico, para ser capaces de tener su propia lectura autónoma, como crítica de la realidad, como un inequívoco camino hacia la libre acción de un sujeto crítico, con voz.

Estos sujetos son congregados a coincidir en un tiempo y en un espacio determinado para la formación de docentes, en el CeRP del Este, donde tienen lugar una serie de encuentros y reencuentros fortuitos, que funcionan como rencuentro con compañeros de la época liceal en el "Depa" —como se suele denominar entre sus eternamente jóvenes habitués al liceo Departamental de Maldonado—, como en el caso de Damián González con Valentín Trujillo y Felipe García, por ejemplo. Pero también tiene lugar otro tipo de encuentros, en los que quienes se hallan son, literalmente, los pueblos de todo el este del país, en y con Maldonado. La realidad de los pasillos del viejo CeRP es radicalmente opuesta a la que podemos apreciar en los semivacíos y silenciosos de la actualidad. El candor y los folclores del interior se respiraban en el aire, en los pasillos, en los Café ConCeRP,[31] en las mil horas de comedor, cuando corrían tiempos en los que desde la mañana se agolpaban diferentes grupos humanos, alternando tiempos de clases con horas de esparcimiento, verdaderas aglomeraciones que convivían hasta la tarde. Incluso algunos iban más allá y compartían la convivencia en residencia. Y el ejercicio de la metalingüística era una práctica que sobrevolaba constantemente cada una de las conversaciones que allí, en aquella constelación de pueblos, tenían lugar, donde parecía inevitable comparar cómo se decía acá o cómo por allá a una misma cosa, máxime en aquellos quienes se habían cruzado con autores como Ferdinand de Saussure o Roland Barthes. Acá el efecto de la educación se observa a nivel colectivo, donde, más que un sujeto es directamente una masa crítica la que se genera, y es en *Iscariote* por donde se expresa y se libera.

El segundo término del nombre de la publicación es *"Revista de mitologías"*, lo cual constituye una clara alusión al fervor y casi obsesión que sentían algunos de esos estudiantes con el nombre del ya antes mencionado crítico y semiólogo estructuralista francés Roland Barthes y su ya clásico *Mitologías*, libro que leían con total devoción, hasta el punto de la

---

[31] Los Café ConCeRP eran eventos nocturnos, artísticos y literarios, en los que tanto los estudiantes como los docentes realizaban distintos números en donde interpretaban canciones, poesías, *sketches* o performances de diversas índoles para un público de pares y de familiares.

inspiración en el ensayo de la escritura y hacia dónde dirigir sus propias plumas. Al mencionado autor, justamente, se le concede la palabra a continuación, para hacer una breve apreciación al respecto de su visión sobre la crítica cultural que aparece allí en su obra:

> Aquí se podrán encontrar dos decisiones: por una parte, una crítica ideológica dirigida al lenguaje de la llamada 'cultura de masa'; por otra, un primer desmontaje semiológico de ese lenguaje. Acababa de leer a Saussure y, a partir de él, tuve la convicción de que, si se consideraban las "representaciones colectivas" como sistemas de signos, podríamos alentar la esperanza de salir de la denuncia piadosa y dar cuenta en detalle de la mistificación que transforma la cultura pequeñoburguesa en naturaleza universal. (Barthes, 5)

En esta la pequeña cita recortada del prólogo, Barthes claramente está planteando una introducción que de algún modo funciona también como una instrucción de cómo sus lectores han de leer su obra, sus mitologías que no se remontan a un remoto pasado, sino que, por el contrario, es la actualidad y el entorno de la vida cotidiana lo que sustenta aquellos mitos, que en nuestro caso serían el fútbol, la literatura, una publicidad, la radio, un gran evento relacionado al turismo, un festival de cortos o un encuentro de escritores. Estos eventos son la ideología de la cultura de masas moderna. Lo que el autor procura allí es descubrir el sentido de esos mitos y su amplia credibilidad. Quienes escribían en la revista *Iscariote*, al igual que Barthes, se encuentran influidos por lecturas muy recientes sobre los textos que los alumnos de Saussure dejaron plasmados para la posteridad, remitiéndose a sus apuntes en las clases con los que en sumatoria construyeron su libro publicado póstumamente, *El curso de lingüística general*.

Apoyándose en las herramientas administradas por la Lingüística, Roland Barthes desenreda la gran maraña de significaciones que rodea a las cosas que intervienen de una u otra manera en nuestra vida cotidiana, así como el suceso de mistificación en la llamada 'cultura burguesa' se ve transmutada en naturaleza universal.

Al analizar distintos aspectos de la sociedad de masas y realizar una descomposición semiológica de su lenguaje, en ese libro fundó un tipo de experiencia intelectual que, casi medio siglo después, tiene sus réplicas en una publicación que también mantiene parte del espíritu de las *Mitologías* y es que en *Iscariote* podemos observar cómo quienes escriben demuestran una gran solidez en el manejo y tratamiento de las distintas corrientes críticas y teóricas. Pero las formas y los rumbos que sus escrituras toman, y los tópicos, no son los clásicos y los más convencionales. Muchas veces, hasta la misma selección de los temas a o de los autores a tratar en su faena crítica. Esto deja traslucir muchas veces que quizás no se sintieran en las periferias del panorama literario, sino que el centro que no querían perder de vista quizá era otro.

Por las páginas de la revista podía verse circular muchísima más tinta para dedicar a las obras artísticas, en espacial en las letras, producidas por autores del interior, que por los que canonizaba la crítica emanada por las anteriores generaciones, por y para Montevideo. Aunque el espectro de temas no se queda allí, tenían un amplio equipo de colaboradores que figuraba de la siguiente manera: el redactor responsable era Damián González Bertolino, quien también integraba el Consejo de Dirección junto a Valentín Trujillo. Como colaboradores estaban Rodrigo Almeida, Virginia Bonilla Pereira, Leonardo A. Cabrera, Sebastián Contrera, Leonardo de León, Santiago Dentone, Alfonso Larrea, Fernández de Palleja, Carlos Font, Nicolás Golovchenko, Franco González Bertolino, Lucienne Marchand, Mauricio E. Pagola, Gustavo Toledo. Contaba también con corresponsales como Marcelo Backes, desde Rio de Janeiro, Martín Palacio Gamboa, desde Buenos Aires y Verena Ringler, desde Viena. Complementaban el equipo Servando Valero en fotografía y Fabián Gatti y Lautaro Hourcade en el departamento de diseño. Completaba el cuadro de colaboradores Felipe García Salaberry en la logística.

La mayor parte de ellos publicaban artículos periódicamente; ensanchaba el espectro de acción y aderezaban a *Iscariote,* con la riqueza que siempre otorga a todo tipo de proyecto cultural el poseer un carácter marcadamente interdisciplinar, que tanto puede ocuparse en atiborrar sus páginas con la reseña de discos, libros, sobre cine y distintas visiones estéticas, cuanto al discurso o dicho de algún político en un medio de comunicación masiva. O un festival de cortos, una exposición de obras plásticas o las lecturas de poesías en un turbio tugurio hacia las orillas de la ciudad en constante expansión.

En torno a la revista se consolida un gran grupo, una masa crítica de *flaneurs* de todo hecho cultural con el que se topen. Estaban en el período posterior a la crisis y la recesión, que fue un periodo de gran efervescencia de acontecimientos artísticos. La crisis, leída como un lapso de permutaciones, trajo aparejados grandes cambios en la configuración demográfica del departamento de Maldonado. Arribaban y se afincaban tanto personas provenientes de los orígenes clásicos —los departamentos de la región— así como de otros departamentos, de Montevideo o incluso del extranjero. En especial muchas familias argentinas, que tenían estas zonas dentro de sus circuitos de veraneo, y dieron el paso de afincarse definitivamente en estas tierras.

Este hecho, entre otros tantos, trajo también aparejado un gran cambio en los consumos y en la producción artística o cultural del departamento todo. Según el escritor Damián González Bertolino, la revista formó parte de una época en que Maldonado-Punta del Este empezaron a denotar estos cambios socioeconómicos y demográficos, que estaban demostrando que la gente necesitaba salir, ver una película, un concierto. Hubo una cierta ebullición de centros culturales; por ejemplo, la Casa Oculta, Villa Rosita, el Lengue Lengue; el ciclo poético Jodido Jueves, actividades en el Museo Mazzoni en las que se hacían lecturas, reseñas de libros. En definitiva, Gonzáles cree que ahí no estaban tan solos como en la época del *M.A.T.*

En esa época también organizaban actividades las librerías, como la desaparecida Libros el Duende, que organizó un ciclo de charlas, las ferias del libro en la plaza de Maldonado o en el Paseo San Fernando con una enorme cantidad de autores presentando sus libros.

La revisa *Iscariote* se podía conseguir también en librerías de Maldonado y Punta del Este —como Virrey o en la antes mencionada Libros del Duende—, así como en otros puntos del país. En este contexto favorable para las letras y el quehacer cultural general en la región, es que comienzan a editarse los primeros libros de los autores pertenecientes a esa generación que egresó en los primeros años del CeRP.

De ahí es que surge una de las inquietudes que, en parte, guían y pautan los destinos de la escritura en este trabajo. Me planteo si de ese proceso comenzó con estudiantes jugando a ser poetas y escritores, a crear mitos maldonautas, armando sus propias revistas, armados de tijeras, fotocopiadoras y un gran ímpetu creativo, potenciado por el hecho de la creación colectiva; que luego de un significativo e intenso proceso de empoderamiento del conocimiento académico y teórico transitan a una publicación un tanto más madura, que refleja el crecimiento y la base intelectual de esas plumas incisivas, a partir de una constante práctica y disciplina; que entre el quehacer académico en el CeRP y su constante derramar de tinta fue adquiriendo un sustancial *training* en lo que a escritura se refiere, capacitándose al servicio de la adquisición de poder y autonomía, como sujetos y como grupo: ¿Podríamos decir que nos encontramos frente a una generación literaria?

Ante esta cuestión, tuve la sensación de que buscaba algo sobre lo que nadie había hablado o escrito; algo que surgía como si lo estuviera viendo por primera vez, ahí ante mí. Y recordé los versos de un poeta coterráneo de quien estas líneas escribe, también de Treinta y Tres, que así decían: "Que la noche sea muy negra//no es dificultad mayor, llevando firme la rienda//y al tino por rumbeador//Si me pierdo, mala suerte, la noche tendrá razón". Rubén Lena escribía esto refiriéndose al hecho de que no se habían escrito canciones de corte folclórico, no hay generaciones anteriores que los precedieran. Y lo hizo como una reacción a quienes criticaban el aderezar la canción con el sabor de una sencilla historia local de las serranías. Así, junto a Zitarrosa en el sur y Benavides en Tacuarembó, lograron triangular la gestación de la canción de este país, continuando el ejemplo del heroico Aníbal Zampallo.

En el caso de los escritores emergidos del entorno *M.A.T.* e *Iscariote*, claramente existen generaciones literarias anteriores, pero con característica bien disímiles entre sí.

De cómo a partir de Iscariote emerge una generación literaria

Me referí en el final del apartado anterior a las generaciones literarias previas: hay una a la que es especialmente inevitable mencionar al tratar el tema de lo que es una generación literaria: si digo Emir Rodríguez Monegal, digo generación del 45, la Generación Crítica. Y justamente este intelectual resulta un mojón: en el transcurso de esta investigación, cada vez que traté el tema de la generación literaria se me mencionó su nombre. Desde mi compañera de investigación, en una de las tutorías, hasta en una entrevista personal con el escritor olimareño Ignacio Fernández de Palleja, incluso los viejos apuntes de *Corrientes Literarias* a los cuales acudí. Y el porqué de la preocupación, de si le cabe o no el concepto de generación a este grupo de escritores, lo va a dilucidar el propio crítico, desde el apunte preliminar, antes de lanzarse a escribir sobre la generación del novecientos:

> No obedece a un capricho de la moda literaria la aplicación del concepto de generaciones al grupo de escritores uruguayos del novecientos. Antes que la publicación sucesiva de textos capitales actualizara el tema, se había referido la expresión —y sin sospechar sus proyecciones metodológicas— a la literatura del período en el *Proceso Intelectual del Uruguay* de Alberto Zum Felde. Es cierto que allí no se desentrañaba (quizá ni se intuía) la problemática del concepto. Pero no es menos cierto que se discernían empíricamente, y de manera discontinua, algunas generaciones en la historia literaria del país, al tiempo que se dibujaba el mundo histórico-cultural en que se desarrollaron. (Rodríguez Monegal)

En la cita se puede vislumbrar cómo Rodríguez Monegal rastrea en la literatura vernácula la genealogía no de la conceptualización en sí, sino de la práctica metodológica en torno a la preocupación por la discriminación y el discernimiento generacional que realiza Zum Felde en su obra. Luego, tras discutir en largas páginas el concepto de generación, con Ortega y Gasset, Rodríguez Monegal se propone emplear los factores de coincidencia determinados por Julius Petersen en la obra *Filosofía de la Ciencia Literaria* con respecto a la generación del novecientos. Entonces tomaremos el viejo camino que marcó este profesor, crítico y ensayista, que contó con el privilegio de haber sido citado en un cuento de Borges. Por lo tanto, me abocaré en las líneas que siguen a la aplicación de esos principios de coincidencias, a la generación literaria maldonauta que ensayó crítica y escritura literaria en las páginas de *M.A.T.* e *Iscariote.*

El primero de los factores de coincidencia habla de herencia. Y la herencia común a todo este grupo se puede observar a leer el amplio espacio con el que contaban los escritores del interior en la segunda de las publicaciones. Podemos señalar a autores como Paco Espínola desde San José; Julio C. da Rosa y Serafín J García desde Treinta y Tres, los que cuentan con muchas páginas de la revista dedicadas a sus obras. Más acá en el tiempo, Gustavo Espinosa cuenta con muchas críticas de sus trabajos en *Iscariote.* También desde Lavalleja, Morosoli con su narrar de ese campo serrano es un gran protagonista de estas páginas literarias. Un ejemplo es un artículo de Damián González Bertolino que narra la visita de Morosoli a la ciudad de Maldonado con el motivo de un encuentro de escritores.

Más recientemente, tuvo lugar en el CeRP del Este un encuentro de escritores, *Primer Encuentro de Escrituras* en *Maldonado* (2006), en el que un grupo de poetas y literatos maldonautas, de otra generación, en este caso involucrados desde el ámbito gubernamental, se ocupó de la gestión cultural: Gabriel Di Leone, Luis Pereira Severo, Ignacio Olmedo y Gonzalo Fonseca. Es el poeta Di Leone el primero en acuñar en un poema un término que ya lo precedía, "maldonauta", una expresión bastante familiar para quien frecuenta los espacios culturales y artísticos de Maldonado y que define a quienes viven en Maldonado, que hacen cultura, que forjan Maldonado, pero que no nacieron en esa ciudad. Tanto forma parte la herencia en este grupo de escritores, que el poema en cuestión está dedicado a Manolo Lima, un artista y maestro originario de la frontera de Chuy que se aquerenció en los bosques de Pinares en los años sesenta, donde luego construyó y fundó un taller artístico que fue un gran núcleo de artistas y tertulias. En el año 1973 José Trujillo —artista plástico, padre de

Valentín Trujillo— comenzó a pintar en el Taller Maldonado con Manolo Lima, cuando solo tenía 13 años.

En el párrafo anterior, aludí al *Primer Encuentro de Escrituras* en *Maldonado*, llevado a cabo en setiembre del 2006 y que contó con la presencia de escritores nacionales, argentinos, brasileños y venezolanos. Y es justo mencionar también a dos nombres que, con roles muy distintos, participaron de ese encuentro y de alguna manera también forman parte de ese acervo cultural colectivo que engloba a la masa crítica que es *Iscariote.* Uno de ellos es el escritor, periodista y docente Horacio Verzi, quien interactuó con todo el grupo e integró la memoria colectiva de las revistas, ya que fue docente de los muchachos en Teoría Gramatical, Literatura Universal y Teoría Literaria. Cuando llegó al CeRP venía de dirigir, entre 1990 y 1998, la revista *Graffitti*, una revista cultural de fuerte impronta literaria en la que participaron las más destacadas figuras de su época.

El otro nombre es el escritor brasileño Aldyr Garcia Schlee, escritor, periodista, traductor, diseñador gráfico y profesor. Nacido en Jaguarão, justo en la frontera, frente a la ciudad de Rio Branco, entabló un fuerte vínculo con la revista *Iscariote* trabó un fuerte vínculo, el cual se hizo extensivo al campo literario del sur del Brasil, que —paradójicamente y sin que de este lado se sospechase siquiera— estaba mirando hacia Uruguay, hacia los autores uruguayos y el fútbol uruguayo. Forma parte del más épico anecdotario iscaroteano el viaje de Fernández de Palleja hacia la ciudad de Pelotas, en rol de empleado de la revista, que viajara en procura de una nota con el autor gaúcho. Ingresó como espectador a una charla sobre fútbol y literatura, terminó al frente, tomando la palabra para contar en lo que andaba y para pedir un mate. El fútbol fue un deporte al que el autor brasilero le dedicara mucha de su literatura. Fue quien diseñó la camiseta con la que Brasil juega hasta el día de hoy, tras la gran derrota de 1950, y se declara simpatizante de la selección uruguaya de fútbol.

El fútbol también forma parte de la herencia del grupo *M.A.T.* e *Iscariote*, y es algo que es muy propio de Barthes señalarlo. También al decir de Fernández de Palleja (2021), quien, al revisar un poco lo escrito hace muchos años en *Iscariote*, identificó muchos gérmenes de tópicos que luego desarollara durante su carrera como escritor; el fútbol y el vínculo con Rio Grande do Sul era uno de ellos.

Otro factor de coincidencia es la fecha de nacimiento. Damián González Bertolino nació en 1980; Valentín Trujillo, en 1979; Fernández de Palleja, en 1978; Leonardo de León, en 1983; Martín Palacio Gamboa, en 1977; Martín Bentancor, en 1979. Este sería el núcleo del cual emerge esta generación. Seguramente falte algún nombre y también observaremos más adelante cómo se vincula y se expande esta generación hacia otras áreas del interior y también de Montevideo.

El tercer elemento de coincidencia es la educación. Salvo Bentancor, todos los autores mencionados en el párrafo anterior son profesores de Lengua y Literatura, egresados del CeRP, en las primeras generaciones. Podríamos anexar también las lecturas en común: hemos mencionado varios de los autores del interior que compartían su deleite por las *Mitologías* de Barthes, y compartían su gusto por *The Beatles*, quienes obviamente también supieron musicalizar alguna que otra página en *Iscariote*.

El cuatro factor de coincidencia es la comunidad personal, o sea, los ámbitos de convivencia entre los autores. Como ya lo indiqué algunas páginas antes, la convivencia en la residencia y el sistema de las ocho horas diarias, con una pausa de una hora en el medio para almorzar todos juntos, marcó una alta intensidad en la convivencia entre los escritores. Este hecho se potencia con las largas horas que compartían a la noche en el quiosco Hojas, perteneciente a la madre de Felipe García Salaberry. El quiosco fue durante años un clásico, por la calle Ledesma, a la vuelta del liceo departamental de Maldonado. Era el cuartel general y centro de acción donde este grupo de militantes de la escritura y la experimentación. comenzó a pergeñar y a crear las *M.A.T.* y las *Iscariote*.

El quinto elemento son las experiencias de la generación. En una primera instancia pensé en una experiencia colectiva que pudiera abarcarlos a todos y la primera que me vino a la cabeza fue la de la crisis del 2002 y el cimbronazo que esta le significó al país y al que era muy difícil estar ajeno. Pero luego de la entrevista colectiva con algunos de los escritores e di cuenta de que quizás haya sido algo más significativo, o tal vez se complementen, y es que fueron una generación que vivió, en muy pocos años, la transformación del mundo analógico. El mundo *M.A.T.* y las ampliaciones de fotocopias para conseguir ciertos efectos dejaron de existir y dieron paso a un mundo totalmente digitalizado, al mundo de las pantallas táctiles, al excitante mundo del esperar a tres para saltear el anuncio, en el que vivimos hoy.

El sexto factor se refiere al caudillaje. Quizás se deba a mi torpeza, pero no logro identificar claramente a un caudillo, así que me toca coincidir con la opinión de Rodríguez Monegal respecto a la generación del novecientos: "En sentido absoluto no hay ningún caudillo en el grupo". Aunque sí, luego de verter esa afirmación, identifica a Rubén Darío como caudillo importado de aquella generación.

El séptimo factor de coincidencia es el referido a un lenguaje generacional. Y acá me atrevería aventurar que sí hubo un lenguaje común a toda esta generación, este es la escrituras en blogs. En algún determinado momento —con la salvedad de Valentín Trujillo— todos llegaron a tener —por los tiempos en que se terminaba el viaje *Iscariote*, aproximadamente— sus propios blogs personales, en los que publicaron periódicamente durante muchos años. Y esto era una consecuencia directa del cambio, de la época de transición de lo analógico a lo digital que todos habían atravesado. Incluso ocurre otro fenómeno interesante allí, y es que luego de los blogs individuales surge uno colectivo, llamado *Club de catadores*, en el cual se fusionaron el grupo de *Iscariote*, con los integrantes de la revista *La letra breve* de San José.

Allí surgen otros nombres de autores —que no son de Maldonado, pero conforman una aleación generacional en la cual los escritores maldonautas se sienten insertos—: la montevideana Carolina Bello, nacida en 1983, el maragato Pedro Peña, nacido en 1975 (sería como una especie de límite etario inferior dentro de esta constelación de escritores) y el mexicano-uruguayo Rodolfo Santullo.

El último factor de coincidencia, propuesto por Petersen, es el anquilosamiento de la anterior generación. Si bien este grupo de jóvenes en *Iscariote* presenta novedades rupturistas, con una actitud desafiante y crítica a la vez, lo cual fue novedoso y causó una cierta respuesta, no se da el anquilosamiento de la vieja generación por una cuestión de ataques o de violencia, sino que ocurre un cambio drásticamente circunstancial en el contexto cultural de la ciudad de Maldonado que afecta a toda la región: la fundación en el año 1998 del CeRP del Este, una institución que funcionó como un catalizador que impulsa, amalgama y facilita la cristalización de una generación literaria. Intensificó y aceleró ese caldo de cultivo que históricamente había sido Maldonado. Se erigió, como su logo institucional lo ilustra, en un faro que resplandece desde las costas del este, donde antes solo había penumbras.

Este trabajo versó, someramente, en parte del trayecto de un grupo de jóvenes estudiantes que editan dos revistas propias, y en la segunda de ellas consiguen instalar un estilo propio criticar a la cultura, en donde llegan a convivir una entrevista a un escritor con una reseña de disco, un libro, el desmontaje semiológico de lo que dijo un comentarista de un partido de fútbol, o bien, lo que expresó un político en un medio de prensa.

La escritura de crítica cultural puede ser vista como un síntoma de la maduración, la personal por un lado y como escritores por otro, en el proceso de la gestación de una generación: ahora lo podemos decir sin titubear, tras haber cumplido con creces los ocho factores mencionados.

Desde el vamos, esta generación asentó y potenció su creatividad al trabajar en grupo, entre amigos y en colectividad. La escritura, que no es otra cosa que hilvanar textos de forma colectiva como lo hicieron en *M.A.T.*, que de alguna forma han seguido dialogando luego en *Iscariote* y posteriormente en el *Club de Catadores*.

¿Y no es ese acaso uno de los rasgos identitarios de la literatura, desde sus orígenes mismos, el de la construcción colectiva, con claros orígenes en la oralidad, como el relato literario o el mito? Y luego, la llegada de la escritura, algo tan mágico como increíble: que una especie de primates, en el transcurso de su evolución, haya descubierto una tecnología capaz de transmutar lo que imagina, piensa o siente, y asentarlo en algún formato, para que alguien de otra generación y en otra época y momento pueda leerlo, actualizarlo y conectarse a la memoria colectiva de quien lo escribió.

La importancia de la escritura radica en el acto político que implica el acto de la escritura en sí mismo, y que parece logar mayor significatividad en cuanto se torna un proceso colectivo. Allí reside uno de los aspectos sustanciales en la importancia de estudiar una revista cultural como *Iscariote*. Así lo afirma la escritora Marcia Collazo, en el sintético párrafo que tomé de su ensayo sobre el papel de las revistas culturales:

> La revista hunde sus raíces en su tiempo y en su cultura. No es escrita por uno sino por varios autores, que a su vez refieren en ocasiones a otros varios autores, y así. Por ello, a diferencia de la obra de un creador individual, implica la idea de construcción colectiva periódica, sistemática y acumulada, así como la de multiplicidad de los discursos, insertados desde el punto de vista hermenéutico en determinado horizonte histórico de comprensión. Y por eso también, toda revista incluye la idea de época y de generación. Más aún: la revista está sumida o arrojada en el tiempo, al punto de que no escapa a la paradoja de conservar para la posteridad el espíritu irreemplazable de un momento histórico y a la vez estar condenada a lo pasajero, por no decir a lo efímero. Esto ha pasado con todas las revistas culturales de nuestro país y del mundo, sin importar cuán prestigiosas sean o hayan sido. Una parte de ellas se olvida; la otra vive para siempre en el imaginario colectivo y se inserta o se imbrica de tan sutil y natural manera en las mentalidades, que muchas veces cuesta advertir el tránsito hasta pasado cierto tiempo. (Collazo, s/d)

La autora da cuenta de que mediante la escritura se puede capturar el instante, el momento fermental de una generación literaria, que logró condensar en la revista la esencia de su período previo a la publicación de sus propios libros. Un grupo de escritores que alegremente consiguió autogestionar su ingreso en el campo literario y legitimar su voz.

La aplicación del término *alegremente* abarca muchos sentidos, pero uno de ellos es el que el propio Fernández de Palleja le daba al hecho de escribir crítica literaria cultural: siente que hay que divertirse al hacerlo, con espíritu festivo siempre, como sucedía en *Iscariote*. Y otra vez retomo el concepto de carnavalización, pero esta vez desde el lado más mitológico.

Fue al dios Momo a quien exiliaron del Monte Olimpo por las constantes críticas que en tono jocoso este lanzaba sobre las creaciones de los demás; ese es su espíritu, criticar con risas. Esa es su forma de ser traidor frente a lo establecido. Y, en definitiva, todos quienes se lanzan a la escritura se encuentran detrás de Momo, de quien heredamos esa fiesta colectiva que es el carnaval, donde quien más se divierte es el que participa activamente.

En el caso de la escritura también es fundamental para que emerja el sujeto crítico que lo haga bajo ciertas condiciones, y ellas son: escritura, educación y derecho (Núñez, 15). De allí se lee la importancia que tuvo la democratización de la educación y el rol fundamental que jugó el CeRP como catalizador que propició y aceleró la cristalización de una generación literaria en el seno de una región que hoy es una constelación de escritores en constante expansión.

Bibliografía

Bajtin, M. *La cultura popular en la Edad Media y en el Renacimiento*. Madrid: Alianza Editorial, 2003.

Barité, M., y M. G. Ceretta. *Guía de revistas culturales uruguayas, 1885-1985*. Vol. 1, Montevideo: Ediciones El Galeón, 1989.

Barthes, R. *Mitologías*. México D. F.: Siglo XXI Editores, 1999.

Canal 5 Uruguay. "Café Literario – Damián González". *YouTube*, 1 nov. 2016. https://www.youtube.com/watch?v=mO7El60hisM&t=616s

Collazo, M. "El papel de las revistas culturales uruguayas del Siglo XX en la difusión de la cultura y en la historia de las ideas". *Espacio Latino*. s. f. http://letras-uruguay.espaciolatino.com/collazo_marcia/papel_de_las_revistas_culturales.htm

Cros, E. "Hacia una teoría sociocrítica del texto". *La Palabra*, no. 31, 2017, pp. 29-38. http://www.scielo.org.co/pdf/laplb/n31/0121-8530-laplb-31-00029.pdf

Di Leone, G., I. Fernández de Palleja, G. Fonseca y L. Pereira Severo. *La ballena de papel: Antología de poesía de Maldonado 1985-2017*. Montevideo: Civiles Iletrados, 2017.

Fernández de Palleja, I. "Gabriel Di Leone, entrevista de Pablo Silva Olazábal". *YouTube*, 17 set. 2021. https://www.youtube.com/watch?v=XIfeFLWtpHg&t=209s

Fernández de Palleja, I., G. Salaberry, M. González Bertolino y A. Trujillo. *Entrevista virtual colectiva vía Zoom*. 28 set. 2021.

Núñez, S. *La vieja hembra engañadora: Ensayos resistentes sobre el lenguaje y el sujeto*. Montevideo: Casa Editorial HUM, 2012.

Rodríguez Monegal, E. *La Generación del 900*. 2010. http://www.cervantesvirtual.com/nd/ark:/59851/bmcn30d0

Rojas, C. "Los malos de la película". En Uval, N., coord. *Narrativas de la exclusión: La crisis de 2002 en los medios de prensa escrita uruguayos*. Montevideo: Bibliotecaplural, 2016. pp. 45-50.

Otras publicaciones de Argus-*a*:

Publicaciones de Argus-*a* en su sello ErosBooks:

Mariana Roldán Suárez
Des-amparo

Aldo Dante Alvarado
Cartas desde el Oblicuo Lunar

Martín Giner
Tres escenarios improbables. Dramaturgia de humor

Gladys Ilarregui
El amarillo inaudito. Poemas a Ucrania

Gustavo Geirola
Dedicatorias
Sonetos y antisonetos

Gerardo González
Soave Libertate

Otras publicaciones de Argus-*a*:

Cipriano Argüello Pitt, José Castillo, Graciela Córdoba
Gustavo Geirola, Sandra Mangano, Karla Rebolledo
Charla entre teatristas (3)
Teatro, Performance, Praxis teatral

Valeria Arévalos y Ayi Turzi
Aproximaciones a una definición de lo bizarro en el arte

Frank Otero Luque

Avatar y Este lado del Mundo

Claudia Cabrera Sánchez

Miradas desde el margen.
Disidencias culturales en prácticas performáticas contemporáneas

Cipriano Argüello Pitt, José Castillo, Graciela Córdoba
Gustavo Geirola, Sandra Mangano, Karla Rebolledo

Charla entre teatristas (2)
Teatro, Performance, Praxis teatral

Yanina Vidal

Nuestra Raza (1917):
Prensa e intelectualidad afrodescendiente en Uruguay

Edurne Beltrán de Heredia

Conexiones del teatro chihuahuense: de la escena a la memoria

Mujer, voz y representación:
Fotografía y materiales alternativos en el mundo hispanohablante

Sergio Hernández

Crimen y castigo: los adolescentes ante el sistema penal.
Una aproximación psicoanalítica

Martha Hickman Iglesias

Visiones y experiencias
en la danza contemporánea de Guadalajara
Testimonios de agentes sociales de un campo artístico

Lizardo Herrera

Bajo el imperio del terror.
Militarización, drogas y muerte en el Ecuador

Cipriano Argüello Pitt, José Castillo, Graciela Córdoba
Gustavo Geirola, Sandra Mangano, Karla Rebolledo
Charla entre teatristas
Teatro, Performance, Praxis teatral

Paula Ansaldo María Fukelman Bettina Girotti
Teatro Independiente: grupos, espacios, prácticas

Claudia Andrea Castro
Artes, universidades y cárceles en Argentina

Gustavo Geirola
FREUD: del nombre, del origen, del 'gran hombre'
Ensayo conjetural

Eduardo De Paula, Henrique Bezerra de Souza,
Mara Leal y Wellington Menegaz
Errancias: prácticas artístico-pedagógicas, memorias, quehaceres y políticas

Alejandra Morales
Representación de lo femenino en el teatro chileno
Rearticulaciones

Alicia Montes
Literatura erótica, pornografía y paradoja

Gustavo Geirola
Lacanian Discourses and the Dramaturgies

Gustavo Geirola
Introducción a la praxis teatral.
Creatividad y psicoanálisis

María Cristina Ares
Evita mirada
Modos de ver a Eva Perón: las figuraciones literarias y visuales de su cuerpo entre 1992 y 2019

Gustavo Geirola
Los discursos lacanianos y las dramaturgias

Eduardo R. Scarano (compilador)
Racionalidad política de las ciencias y de la tecnología. Ensayos en homenaje a Ricardo J. Gómez

Virgen Gutiérrez
Con voz de mujer. Entrevistas

Alicia Montes y María Cristina Ares, compiladoras
Régimen escópico y experiencia. Figuraciones de la mirada y el cuerpo en la literatura y las artes

Adriana Libonatti y Alicia Serna
De la calle al mundo
Recorridos, imágenes y sentidos en Fuerza Bruta

Laura López Fernández y Luis Mora-Ballesteros (Coords.)
Transgresiones en las letras iberoamericanas: visiones del lenguaje poético

María Natacha Koss
Mitos y territorios teatrales

Mary Anne Junqueira
A toda vela
El viaje científico de los Estados Unidos: U.S. Exploring Expedition (1838-1842)

Lyu Xiaoxiao

La fraseología de la alimentación y gastronomía en español. Léxico y contenido metafórico

Gustavo Geirola

Grotowski soy yo. Una lectura para la praxis teatral en tiempos de catástrofe

Frank Otero Luque

Lima, la bella: negociaciones entre lo criollo y lo chicha

Alicia Montes y María Cristina Ares, comps.

Cuerpo y violencia. De la inermidad a la heterotopía

Gustavo Geirola, comp.

Elocuencia del cuerpo. Ensayos en homenaje a Isabel Sarli

Lola Proaño Gómez

Poética, Política y Ruptura. La Revolución Argentina (1966-73): experimento frustrado De imposición liberal y "normalización" de la economía

Marcelo Donato

El telón de Picasso

Víctor Díaz Esteves y Rodolfo Hlousek Astudillo

Semblanzas y discursos de agrupaciones culturales con bases territoriales en La Araucanía

Sandra Gasparini

Las horas nocturnas. Diez lecturas sobre terror, fantástico y ciencia

Mario A. Rojas, editor
Joaquín Murrieta de Brígido Caro.
Un drama inédito del legendario bandido

Alicia Poderti
Casiopea. Vivir en las redes. Ingeniería lingüística y ciber-espacio

Gustavo Geirola
Sueño Improvisación. Teatro. Ensayos sobre la praxis teatral

Jorge Rosas Godoy y Edith Cerda Osses
Condición posthistórica o Manifestación poliexpresiva.
Una perturbación sensible

Alicia Montes y María Cristina Ares
Política y estética de los cuerpos.
Distribución de lo sensible en la literatura y las artes visuales

Karina Mauro (Compiladora)
Artes y producción de conocimiento.
Experiencias de integración de las artes en la universidad

Jorge Poveda
La parergonalidad en el teatro. Deconstrucción del arte de la escena
como coeficiente de sus múltiples encuadramientos

Gustavo Geirola
El espacio regional del mundo de Hugo Foguet

Domingo Adame y Nicolás Núñez
Transteatro: Entre, a través y más allá del Teatro

Yaima Redonet Sánchez
Un día en el solar, expresión de la cubanidad de Alberto Alonso

Gustavo Geirola

Dramaturgia de frontera/Dramaturgias del crimen.
A propósito de los teatristas del norte de México

Virgen Gutiérrez

Mujeres de entre mares. Entrevistas

Ileana Baeza Lope

Sara García: ícono cinematográfico nacional mexicano, abuela y lesbiana

Gustavo Geirola

Teatralidad y experiencia política en América Latina (1957-1977)

Domingo Adame

Más allá de la gesticulación
Ensayos sobre teatro y cultura en México

Alicia Montes y María Cristina Ares (compiladoras)

Cuerpos presentes.
Figuracones de la muerte, la enfermedad, la anomalía y el sacrificio.

Lola Proaño Gómez y Lorena Verzero / Compiladoras y editoras

Perspectivas políticas de la escena latinoamericana. Diálogos en tiempo presente

Gustavo Geirola

Praxis teatral. Saberes y enseñanza. Reflexiones a partir del teatro argentino reciente

Alicia Montes

De los cuerpos travestis a los cuerpos zombis.
La carne como figura de la historia

Lola Proaño - Gustavo Geirola

¡Todo a Pulmón! Entrevistas a diez teatristas argentinos

Germán Pitta Bonilla

La nación y sus narrativas corporales. Fluctuaciones del cuerpo femenino en la novela sentimental uruguaya del siglo XIX (1880-1907)

Robert Simon

To A Nação, with Love: The Politics of Language through Angolan Poetry

Jorge Rosas Godoy

Poliexpresión o la des-integración de las formas en/desde La nueva novela *de Juan Luis Martínez*

María Elena Elmiger

DUELO: Íntimo. Privado. Público

María Fernández-Lamarque

Espacios posmodernos en la literatura latinoamericana contemporánea: Distopías y heterotopíaa

Gabriela Abad

Escena y escenarios en la transferencia

Carlos María Alsina

De Stanislavski a Brecht: las acciones físicas. Teoría y práctica de procedimientos actorales de construcción teatral

Áqis Núcleo de Pesquisas Sobre Processos de Criação Artística Florianópolis

Falas sobre o coletivo. Entrevistas sobre teatro de grupo

Áqis Núcleo de Pesquisas Sobre Processos de Criação Artística Florianópolis

Teatro e experiências do real (Quatro Estudos)

Gustavo Geirola
El oriente deseado. Aproximación lacaniana a Rubén Darío.

Gustavo Geirola
Arte y oficio del director teatral en América Latina
Tomo I: México y Perú

Gustavo Geirola
Arte y oficio del director teatral en América Latina
Tomo II: Argentina, Chile, Paraguay y Uruguay

Gustavo Geirola
Arte y oficio del director teatral en América Latina
Tomo III: Colombia y Venezuela

Gustavo Geirola
Arte y oficio del director teatral en América Latina
Tomo IV: Bolivia, Brasil y Ecuador

Gustavo Geirola
Arte y oficio del director teatral en América Latina
Tomo V: Centroamérica y Estados Unidos

Gustavo Geirola
Arte y oficio del director teatral en América Latina
Tomo VI: Cuba, Puerto Rico y República Dominicana

Gustavo Geirola
Ensayo teatral, actuación y puesta en escena.
Notas introductorias sobre psicoanálisis y praxis teatral

Argus-*a*
Artes y Humanidades / Arts and Humanities
Los Ángeles – Buenos Aires
2026

www.ingramcontent.com/pod-product-compliance
Lightning Source LLC
LaVergne TN
LVHW090940080826
845145LV00003B/834

* 9 7 8 1 9 4 4 5 0 8 9 4 4 *